消費者行動論

購買心理からニューロマーケティングまで

守口 剛・竹村 和久 [編著]

白井 美由里／新倉 貴士／神山 貴弥／丸岡 吉人

八千代出版

執筆者紹介 (執筆順)

守口　　剛	早稲田大学大学院経営管理研究科教授	第1章、第2章
白井美由里	慶應義塾大学商学部教授	第3章
新倉貴士	法政大学経営学部教授	第4章
神山貴弥	同志社大学心理学部教授	第5章
竹村和久	早稲田大学文学学術院教授	第6章、第7章、第9章
丸岡吉人	跡見学園女子大学マネジメント学部教授	第8章

はしがき

　消費者行動論の領域には膨大な研究蓄積があり、これまでに国内外で数多くのテキストが刊行されている。その中で、新しいテキストをあえて1つ追加しようと考えた理由は、消費者行動研究が近年大きく変化・進展してきたことにある。

　ある分野の研究が変化・進展することは、研究のフロンティアの様相をしばしば変貌させる。こうした新しい研究のフロンティアの領域を取り込むことで、新たなテキストの意義が生まれるのではないかと考えたことが、本書の出版を計画する契機となった。

　消費者行動研究が近年大きく進展してきた最も大きな原動力の1つは、学際的な研究の活発化である。もともと消費者行動研究は学際的な色彩が強い領域であったが、近年ではその性質がより色濃くなってきており、そのことが研究の進展に大きく寄与している。

　消費者行動研究の進展を後押ししている学際的領域の1つに、行動経済学があげられる。行動経済学は、経済合理性だけでは説明できない、人の意思決定や経済行動を解明するための研究領域である。この分野の中心的な研究者の1人であるダニエル・カーネマンが2002年のノーベル経済学賞を受賞していることからも明らかなように、行動経済学は近年大きな発展をとげており、消費者行動研究に対しても直接的、間接的に多大な影響を与えている。

　神経科学、脳科学の進展による影響も見逃すことができない。脳活動の計測技術の進展に伴ってこれらの研究領域が急速に発展してきており、ニューロマーケティングなどの新しい研究領域も生まれている。このほかにも、社会学や文化人類学などの領域におけるさまざまな研究成果が、消費者行動研究の活性化に大きく寄与している。

　本書は、消費者行動研究のアプローチとしては伝統的な、心理学的アプロ

ーチを基礎として、章を構成している。その上で、上述したような学際的研究の進展を考慮し、行動経済学、ニューロマーケティング、エスノグラフィなどの領域における研究成果も踏まえて、消費者行動の基礎的な理論から先端的な研究動向までを解説している。

　それぞれの章では、その章のテーマについて具体的な例をあげながらわかりやすく解説するとともに、トピックにおいてその章のテーマと関連する興味深い話題を紹介している。また、本文中に「*」をつけた用語については、章末の用語解説で詳しく説明している。

　本書は、消費者行動論を学ぼうとする学生（学部生と大学院生を含む）のためのテキストとして編まれているが、そのほかにも、マーケティング論を学ぶ学生や、心理学の応用領域として消費者行動論を勉強しようとする学生などに、サブテキストとして利用してもらうことを想定している。

　また、消費者行動の理解をマーケティングの計画・実行につなげたいと企図する実務家の方々に対しても、いろいろなヒントや視点を本書が提供できるのでないかと考えている。

　上記のようなさまざまな立場の読者に対して、消費者行動論の理論体系と先端研究を解説し、消費者行動研究の面白さを伝えることが、われわれ編者が考える本書の目的である。

　最後に、遅れがちになる執筆を辛抱強く励ましていただいた八千代出版株式会社の森口恵美子、御堂真志の両氏に心から謝意を表する次第である。

　　2012年3月

　　　　　　　　　　　　　　　　　　　　　　　　　　守口　剛
　　　　　　　　　　　　　　　　　　　　　　　　　　竹村和久

目　次

はしがき　i

第1章　マーケティングと消費者行動 ―――――――――――― 1

1　消費者行動とは何か　1
2　消費者行動研究の特徴　5
3　マーケティングとは何か　8
4　マーケティング戦略の重要性　13
5　マーケティングの役割と消費者行動　18
トピック：コーズ・リレーテッド・マーケティングと消費者行動　23

第2章　消費者行動研究のアプローチ方法 ―――――――――― 27

1　消費者行動の研究アプローチ　27
2　心理学的アプローチによる消費者行動研究の理論とモデル　31
3　消費者行動研究におけるデータ取得方法　41
トピック：選択肢が多いと買わなくなる――決定麻痺現象　49

第3章　消費者の知覚 ――――――――――――――――――― 51

1　知覚のメカニズム　51
2　知覚の選択的性質　59
3　精神物理法則　60
4　知覚マップ（perceptual maps）　62
5　知覚リスク（perceived risks）　63
6　価格の知覚　65
トピック：消費者の知覚と感性工学　70

第4章　消費者の知識と記憶 ――――――――――――――― 73

1　消費者の知識と情報処理能力　73

2　記憶のプロセス　75
　　　3　認知構造の発達　79
　　　4　カテゴリーの構造　83
　　　5　専門知識力　88
　　　トピック：消費者のブランド再生　92

第5章　消費者の態度形成 ─────────────── 95

　　　1　態　　度　95
　　　2　態度の形成と変容　98
　　　3　消費者の態度と行動　107
　　　トピック：消費者の態度変容のための戦略的技法　112

第6章　消費者の意思決定Ⅰ ─────────────── 115

　　　1　消費者の意思決定とは　115
　　　2　消費者の意思決定を捉える意思決定論的枠組み　117
　　　3　消費者の意思決定と期待値　121
　　　4　期待効用理論　123
　　　5　プロスペクト理論　125
　　　トピック：行動意思決定論、神経経済学、ニューロマーケティング　132

第7章　消費者の意思決定Ⅱ ─────────────── 133

　　　1　期待効用理論やプロスペクト理論では説明できない意思決定　133
　　　2　満足化原理と最大化原理　135
　　　3　消費者の意思決定過程と問題状況　137
　　　4　消費者の問題認識　139
　　　5　消費者の情報探索と選択肢評価　142
　　　6　購買環境と消費者の購買意思決定　148
　　　トピック：情報モニタリング法とアイカメラ　152

第8章　消費者調査（質的調査を中心に）──── 155

1　質的調査とは　155
2　モチベーションリサーチ　159
3　フォーカス・グループ・インタビュー　163
4　ザルトマンメタファー導出技法（ZMET）　165
5　ラダリング法　169
6　エスノグラフィ　172
トピック：ブランドリレーションシップ　177

第9章　消費者行動研究のこれから ──── 181

1　消費者行動研究の現状　181
2　消費者の潜在的認知と潜在的連想テスト（IAT）　182
3　ニューロマーケティング　187
4　消費者行動理論の基礎理論となる行動意思論　194
5　その他の消費者行動研究の最前線　196
トピック：ニューロマーケティングの研究方法　199

文 献 一 覧　201
索　　　引　212

第1章
マーケティングと消費者行動

★章のねらい★

　消費者行動研究は、きわめて学際的な領域であり、経済学、心理学、社会学などのさまざまな領域で研究が行われている。その中でも、マーケティング論における研究が、消費者行動研究の中心的な役割を果たしている。
　マーケティングと消費者行動は相互に密接に関連している。このため、消費者行動を深く理解するためには、マーケティングの理論と実際を理解することが有用となる。この章は、消費者行動とマーケティングの概要を理解するとともに、両者がどのような関係にあるのかを把握することを目的としている。

1　消費者行動とは何か

1）購買行動と使用行動

　経済活動は、資源を利用してモノやサービスをつくる生産、それを購買し使用することによって欲求を充足する消費、そしてそれらの両者を架橋する流通によって成り立っている。消費は、生産、流通とともに、経済活動の中で重要な役割を果たしているのである。
　消費は人々の生活の中でも大きな役割を果たしている。生きていく上で必要不可欠な飲食物や生活用品などを消費することによって、人々の生活は成り立っている。また、嗜好品や趣味に関する製品を消費することは、人々の生活の質の向上に役立っている。このように、消費は個人の生活や社会の中で大きな役割を果たしている。

人間にはいろいろな側面がある。ビジネスパーソン、学生、主婦などの言い方は、その人が普段何に従事しているのかという側面からみた人間のありようを示すものだ。同じように、消費という側面からみた人間を消費者と呼ぶことができる。例えば筆者は、研究者や教育者という職業からみた側面や、夫や父親であるという家族からみた側面を持っているのと同時に、消費者という側面も有している。

　消費者の行動、つまり消費者行動にはさまざまなことが含まれる。製品の情報を収集し、比較・検討した上でいずれかの製品を購入することも消費者行動の一側面である。そして、購入した製品を実際に使用し、使い終わったものを廃棄することも消費者行動の一つの側面である。

　上述したような消費者の行動は、大きく「購買行動」と「使用行動」に分けることができる。購買行動には、購買対象となる製品やサービスに関する情報収集、選択肢の評価、選択、事後評価などのプロセスが含まれる。使用行動には、製品やサービスの使用、保有、廃棄などの一連のプロセスが含まれる。

　なお、消費をマクロ的に捉えて、消費支出の動向を問題にする場合には、貯蓄と消費の配分、消費支出の費目別配分などに関する意思決定を消費者行動に含めて考えることもある。しかし、消費者行動を主としてマーケティングとの関わりの中で捉える場合には、「購買行動」と「使用行動」が主要な関心事となる。そこで本書では、「購買行動」と「使用行動」を消費者行動の範囲だと捉えることとしよう。

2）購買行動に焦点が当てられてきた背景

　購買行動と使用行動のうち、従来の消費者行動研究においては前者に主たる焦点が当てられてきた。企業のマーケティング活動の成否を左右するのは消費者の購買であり、効果的なマーケティング活動を計画・実施するためには、消費者の購買行動の理解が欠かせない。研究の主たる焦点が購買行動に当てられてきたことの背景には、このような実務側の要請がある。

　さらに、研究者の立場からみても、使用行動よりも購買行動の方に関心を

向けやすいという事情がある。購買行動にはブランド選択などの消費者の意思決定過程が含まれ、意思決定の結果とそれに影響するマーケティング活動の両者を因果関係で捉えることが可能である。さらに近年では、消費者の購買行動とマーケティング活動の双方を捕捉するための、詳細なデータが利用可能になってきた。これらの理由から、購買行動は、研究者がモデル化や理論化を行ったり、データ分析の対象にしやすいと考えられる。

　その一方で、使用行動に関しては、購買行動のような因果関係を構成する変数の組み合わせを想定しにくいし、実態を捕捉するためのデータを得ることも難しい。購買行動に比して使用行動は、多くの研究者にとって研究対象としにくい領域であったということができる。ただし、第2章で述べるように、近年の消費者行動研究においては、これまで多く用いられてきた分析的アプローチとは異なる新しい研究アプローチによって、消費者の使用行動に焦点を当てる研究も増加してきている。

3）消費者行動の定義

　ここでは、消費者行動という概念に関する理解をより深めるために、2つの代表的な定義をみてみよう。ブラックウェルらは、彼らの執筆による消費者行動に関する代表的なテキストの中で、消費者行動を「人々が製品やサービスを取得し、消費し、処分する際に従事する諸活動」と定義している (Blackwell et al., 2005)。また、アメリカマーケティング協会 (America Marketing Association：AMA) は、消費者行動とは「人々の生活における交換という側面をつかさどる、感情と認知、行動、そして環境によるダイナミックな相互作用である」としている。

　ブラックウェルらの定義は、消費者行動が購買行動と使用行動（処分も含む）から成り立っていることを表している。また、AMAの定義は、消費者行動には外側に現れた行動だけではなく、感情と認知という心理的側面が含まれることを示している。

　AMAの定義の中にある「交換」という言葉は、後述するマーケティングの定義とも対応している。企業のマーケティング活動と消費者行動とを対比

して考えると、企業が提供する製品やサービスに消費者が対価を支払うことを、「交換」と位置づけることができる。このように、マーケティングと消費者行動とは、企業と消費者のそれぞれの側からみた「交換」をめぐる活動ないしは行動だと理解することができる。

なお、上述したAMAによる消費者行動の定義は、購買行動と使用行動のうち前者に主たる焦点を当てたものだと捉えられる。しかし、ここでは、消費者行動には購買行動と使用行動の双方が含まれることを再度確認しておこう。加えて、購買行動と使用行動とが相互に密接に関連していることを理解しておくことも重要だろう。

多くの場合、消費者は使用する場所や時間、使用方法を考えて、何をいつ買うかを決定する。また、日用消費財の多くでは、ある商品を使い切ったり、残りが少なくなったときに、次の購買が発生する。これらのケースでは、使用行動が購買行動に影響していることになる。逆に、購買行動が使用行動に影響することも考えられる。例えば、メーカーや店舗が実施するプロモーションに魅かれて商品をまとめ買いし、そのことがその商品の消費を促進するような場合は、購買行動が使用行動に影響したのだと捉えることができる。

無形のサービスの場合には、購買したその場そのときにサービスを利用することが多い。例えば、理髪店や美容室に行った消費者は、その場でサービスの提供を受けてその代金を支払う。このように、無形のサービスを対象とする場合には、購買行動と使用行動とがより密接に結びつくことになる。

消費者行動を購買行動と使用行動に分け、それぞれの特徴を考察することは、消費者行動を理解するための有効な方法である。ただし、上述したように、両者は相互に影響し合い密接に結びついている。購買行動、使用行動の

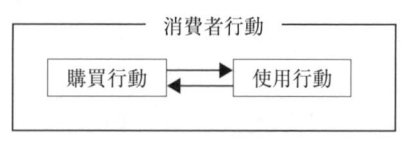

図1-1　消費者行動の範囲

いずれかに焦点を当てて分析を行う際にも、上記のことを理解しておく必要がある。ここまで述べてきた購買行動と使用行動からなる消費者行動の概要は、図1-1のように概念的に表すことができる。

2　消費者行動研究の特徴

1）消費者行動研究の応用領域

　消費者行動研究の成果はさまざまな領域で活用されている。この点については、消費者意思決定研究の応用領域という視点で第6章でも議論するが、ここでも簡単に整理をしておこう。

　消費者行動研究の第一の応用領域は、マーケティングである。マーケティング活動の対象者としての消費者の行動を理解することは、効果的で効率的なマーケティングの計画と実行に大きく寄与する。著名なマーケティング研究者であるコトラーが指摘するように、「マーケターは、消費者行動の理論と現実の双方を十分に理解しなくてはならない」のである（コトラー & ケラー, 2008: 216頁）。

　なお、ここでのマーケティングの主体は、営利企業であるとは限らない。後述するように、マーケティングを実施する主体には営利企業のほかに、大学などの非営利組織や政治家などの個人も含まれる。したがって、このような組織や個人によるマーケティングの計画・実行における活用も、消費者行動研究の応用領域に含まれる。

　第二の活用領域は、消費者保護である。消費者の多くは、購買後や使用後に後悔したり、失敗だったと思うような行動をとってしまった経験を持っているだろう。中には、そういった失敗が深刻な状況をもたらすこともある。自分の経済力を大きく超える高額の商品を買って生活に支障をきたしたり、品質の悪いものを購入・使用することで健康を害するようなことは、決して珍しいことではない。このような状況を防止するためには、消費者自身や行政が、消費者の心理や行動の特徴を十分に理解することが必要となる。

第三の活用領域は、社会経済政策である。経済活動を担う重要なセクターである消費者行動を理解することは、経済を活性化するための政策を立案・実行するために欠かせない要件となるはずだ。

2）消費者行動研究の学際性

ここでは、研究面からみた消費者行動の特徴を検討しよう。消費者行動研究の最も大きな特徴は、その学際性にある。消費者行動研究は一般にはマーケティング論の一領域として位置づけられることが多いが、経済学、心理学、社会学などのさまざまな学問領域においても消費者行動の研究が行われている。また、マーケティング論における消費者行動研究の中にも、これらのさまざまな学問領域の研究成果が取り込まれている。

それでは、なぜ消費者行動研究は学際性という特徴を持っているのだろうか。その理由の一つは、消費者という存在にはさまざまな角度から焦点を当てることが可能だということだ。まず、企業のマーケティング活動の対象として、消費者に焦点を当てることができる。また、経済のさまざまな問題を考える上で、経済活動を担う重要なセクターとしての消費者を考えることができる。さらに、人間の行動や心理の特徴を把握するために、人間の一つの側面である消費者に焦点を当てることも考えられる。消費社会という側面から、集団としての消費者の行動が関心事となる場合もあるだろう。このほかにも、さまざまな側面から、消費者行動にスポットライトを当てることが可能だと考えられる。

このように、消費者という存在に対しては、さまざまな方向からスポットライトを当てることができる。このことは、消費者行動が非常に多様な側面を持っている証左でもある。このような消費者行動の特徴が、消費者行動研究の学際性の大きな要因となっている。

それでは、学際性の高い消費者行動研究の中でも、マーケティング論における研究が中心になっているのはなぜだろうか。一つの理由は、消費者行動研究と最も親和性の高い応用領域がマーケティングであるということだ。上述したように、消費者行動研究の応用領域にはいくつかの方向がある。その

中でも、最も活発に研究成果が活用されている領域がマーケティングであることは間違いない。したがって、消費者行動研究の中心的な場がマーケティング論になっていることは、自然な成り行きであると考えられる。

　消費者行動研究においてマーケティング論が中心的な場であることの第二の理由は、マーケティング研究そのものが学際性の高い領域だということだ。マーケティング論の中では、消費者行動のほかにも、企業のマーケティング戦略、マーケティング組織、マーケティングリサーチなど、さまざまな領域の研究が行われている。それらの研究領域においても、経営戦略論、組織論、統計学などのさまざまな学問領域の研究成果を援用しながら、学際的な研究が行われている。このため、学際的な色彩が強い消費者行動研究を行う場として、同様の性質を持つマーケティング論が非常に適していたのだと考えられる。

　消費者行動の学際性は、研究の発展過程をみることでも理解することができる。消費者行動に関する理論的研究は、もともとはミクロ経済学における消費者選好理論にさかのぼることができる。その後、消費者行動研究は、心理学、社会学、精神分析学、認知科学と認知心理学、文化人類学などの影響を受けながら発展してきた。さらに近年では、脳機能画像測定装置の技術的進展を基礎として神経科学*や神経経済学*の研究が急速に進展しており、これらの領域における研究成果の影響も受けるようになってきている。

　このように、消費者行動研究はきわめて学際的な領域であり、さまざまな学問領域における研究成果を取り込むかたちで発展してきた。先述したように、消費者行動はマーケティングとの関連が深いため、従来は消費者行動研究をマーケティング論の一領域として位置づけることが多かった。ところが、多様な学問領域の影響を受けながら発展を遂げてきた現在では、独立した一つの学問領域として消費者行動研究を位置づけることが妥当だと思われる。消費者行動をテーマとする学問領域は消費者行動論と呼ばれている。

　学会での研究を例にとると、従来からマーケティング関連の学会において、消費者行動をテーマとする研究が非常に活発に行われている。一方では、消費者行動研究をテーマとする独立した学会も存在する。例えば、米国では

Association for Consumer Research という消費者行動研究の学会が1969年に設立され、日本では、日本消費者行動研究学会が1992年に設立された。それぞれの学会において、消費者行動に関連する幅広いテーマの研究が活発に行われている。

3　マーケティングとは何か

　上述してきたように、今日の消費者行動論は、独立した一つの学問領域として位置づけられる。ただし、マーケティングと消費者行動とが密接な関係にあることは現在でも変わらない。両者の関係は、図1-2のように捉えることができる。消費者を対象としてマーケティング活動が計画・実行され、それに対する消費者の反応が次のマーケティング計画にフィードバックされる。マーケティングと消費者行動との関係は、このような循環構造で捉えることができる。

　このように、消費者行動とマーケティングとは密接な関係にあるため、マーケティングとは何かを理解することは、消費者行動をより深く理解することに大きく寄与すると考えられる。そこで本節では、マーケティングに関する基本的な説明をした上で、マーケティングと消費者行動との関係について検討していこう。

1）マーケティングの誕生と発展

　マーケティングの語源は「market」という言葉である。「market」には、「市場」という名詞としての意味のほかに、「市場に出す」「市場で取引する」

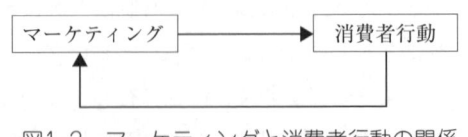

図1-2　マーケティングと消費者行動の関係

という、動詞としての意味がある。この動詞としての「market」に「ing」が付けられて、「marketing」という用語が誕生した。

　マーケティングの考え方が生まれたのはそれほど古いことではなく、20世紀初頭に米国で生まれたとされている。その背景には、当時の産業界が置かれていた状況があった。19世紀後半以降、生産技術の革新による大量生産が進展してきた。当時の米国では、人口の増加や所得の向上などによって多くの市場が拡大をしていたが、大量生産による生産力の増大が、市場の拡大スピードを上回るようになった。このため、大量生産された製品を大量に流通させ販売することができなければ、過剰生産、過剰在庫の発生を招くことになる。

　こうした状況の中で、生産面の革新によって発生してきた需要と供給との間のギャップを埋めるための理論的指針として、マーケティングという考え方が誕生した。このように、マーケティングは、誕生した当初から製造業者の視点に立った理論構築が行われてきた。現在でも、標準的なマーケティングのテキストでは、製造業のマーケティングに関する説明が中心になっている。

　ただし、近年では経済活動全体におけるサービスのウェイトが大きくなっていることを受けて、サービスのマーケティングに関する研究と理論構築がすすんでいる。標準的なマーケティングのテキストの多くがサービスのマーケティングに関する章を設けているほか、サービス・マーケティングを専門的に扱ったテキストも多く出版されている。

　次に、マーケティングとは何かを端的に理解するために、いくつかの短い説明を見てみよう。著名な経営学者であるドラッカーは、「マーケティングの目的はセリングを不要にすることである。」と説明している（Drucker, 1974）。この言葉の背景には、消費者が望む製品をつくり、それを消費者が望む方法で提供すれば、販売活動をしなくても自然にその製品が売れていくという考えがある。そして、そのような状態をつくりあげることが、マーケティングの目的だというのである。このことを可能とするために、消費者の心理や行動の理解が不可欠であることはいうまでもないだろう。

また、日本の代表的なマーケティング研究者の1人である嶋口充輝は、「マーケティングとは『売れる仕組みづくり』である。」としている（嶋口，1984）。この説明が意図するところも、上述のドラッカーの言葉と同じである。上述したような「自然にその製品が売れていく」という状態を恒常的につくりあげることを、嶋口は「仕組み」と称しているのだと理解できる。

2）マーケティングの定義とキーワードによる理解

　マーケティングとは何かについておおまかな理解をしたところで、次にマーケティングの定義をみてみよう。アメリカマーケティング協会（AMA）の1985年の定義によると、「マーケティングとは、個人や組織の目的を達成する交換を生み出すために、アイデア・財・サービスの考案から、価格設定、プロモーション、そして流通に至るまでを計画、実行するプロセスである」とされている。後述するように、AMAによるこの定義は、現在は改訂されている。しかし、上記の定義は約20年にわたって使用されてきたものであり、多くのマーケティングのテキストでも取り上げられてきた。

　この定義の中のいくつかのキーワードに焦点を当てることで、マーケティングに関する理解を深めることができる。順を追って説明しよう。

(1) 個人や組織

　85年の定義では、マーケティングを計画、実行する主体を「個人や組織」としている。マーケティングの主要な実行主体が営利企業であることは間違いない。ほとんどのマーケティングのテキストにおいても、営利企業のマーケティングについての解説がなされている。一方では、非営利組織や個人を主体としたマーケティングも考えられる。

　例えば、多くの観光地では、自治体や観光協会などが観光客を増やすためのさまざまな努力をしている。観光地としての魅力を伝えるためのPR活動を行ったり、観光地としての魅力を向上するために新たなサービスを導入し、そのことを伝えるためのPR活動を行う。こうした活動は、マーケティングそのものである。

　大学もマーケティングの主体となり得る。大学の中には、受験生を獲得す

るために広告を出稿したり、ブランド戦略を計画、実行しているところもある。他の大学では実施していない差別化された施策を取り入れて、そのことを受験生や親に対する訴求ポイントとしている大学もある。また、同じ大学の複数の学部を受験すると受験料が割引きになるという、マーケティングの世界でボリュームディスカウントと呼ばれる手法を利用している大学もある。上記のような大学による活動も、マーケティングとして位置づけることができる。

このほかにも、政党や政治家個人のマーケティング、歌手やタレント個人のマーケティングなど、マーケティングの主体には、さまざまな個人や組織を考えることができる。

一方では、これらのマーケティングの対象となる、観光客、受験生、有権者などの人々の行動を、消費者行動の枠組みで捉えることも可能だということになる。マーケティングの考え方が拡張されることは、消費者行動研究の領域が拡張されることにもつながっているのである。

(2) 交　　　換

営利企業の場合には、製品やサービスを販売しその対価を得る。この場合、製品やサービスという提供物と金銭とを交換することになる。政党や政治家の場合であれば、魅力的な政策や実行のための方策を提示することで選挙の際に票を獲得することが目的となる。このように、個人や組織が社会的な活動を行う際には、自らが生み出した価値を提供することで、金銭、票、評判などを得ることを目的とする。こうした交換を円滑に達成することが、マーケティングの役割である。

(3) アイデア・財・サービスの考案、価格設定、プロモーション、流通

これらは、マーケティングの4Pと呼ばれる。4Pは、Product、Price、Promotion、Placeのそれぞれの頭文字をとったものである。これら4つは、マーケティングの実行段階における主要な活動領域を表している。

アイデア・財・サービスの考案は、広い意味でのProduct（製品）に相当する。マーケティングにおける広義の製品には、有形のモノだけではなく、無形のサービスやアイデアなどの提供物も含めて考えることができる。

Priceの領域では価格設定が主要なものであるが、価格体系に関する意思決定も含まれる。例えば、メーカー希望小売価格を設定するか、それを設定しないオープン価格制を採用するかという課題は、価格体系に関する意思決定の一つである。

Promotionの訳語としては、そのままプロモーションが用いられるほか、販売促進という用語が利用される場合もある。プロモーションには、広告、セールス・プロモーション、人的販売、パブリック・リレーションズといった活動が含まれる。また、Placeは、どこで販売するかという意味あいから流通経路を意味している。

このように、マーケティングの実行段階における主要な活動領域は、製品、価格、プロモーション、流通という4つに分けて考えることができる。これらの組み合わせはマーケティング・ミックスと呼ばれる。上述したように、マーケティングは製造業者を主体とする活動として体系化されてきた。マーケティングの4Pは製造業者からみたマーケティング・ミックスを表している。他の主体のマーケティング活動を考える際には、この4Pで考えることが適当ではない場合もある。

例えば、政党のマーケティングでは、政策などの提供物をProductと考えることができるし、政策の内容や実績を有権者にアピールすることはPromotionとして位置づけられる。一方では、価格や流通の領域でのマーケティング活動は存在しない。営利企業、特に製造業のマーケティング・ミックスは4Pで捉えることができるが、他の主体のマーケティング・ミックスは柔軟に捉える必要がある。

上述してきた85年の定義は長期間にわたって利用されてきたが、AMAは2004年に新しい定義を策定し発表した。ところが、その新定義に対してマーケティング研究者などからさまざまな異論が呈されたため、議論が重ねられ、さらに新しい定義が2007年に策定された。その07年の定義によると、「マーケティングとは、顧客、クライアント、パートナー、そして社会全体にとって価値のある提供物を創造・伝達・配送・交換するための活動、一連の制度、プロセスである。」とされている。

85年の定義に比べると、「社会全体にとって価値のある提供物」という表現があることが大きな相違である。このことは、顧客やクライアントなどの直接的な関係者だけではなく、社会全体にとって価値のある提供物をマーケティングの対象とする必要性を表している。近年、企業や組織の社会的責任や社会的貢献の重要性が強く認識されてきている。上記の定義はこうした認識が反映されている。
　さらに、07年の定義では、4Pの代わりに創造・伝達・配送・交換という表現を利用することによって、マーケティング・ミックスをより一般的に表現している。上述したように、4Pは主として製造業を想定したマーケティング・ミックスであるため、他の主体のマーケティング・ミックスを考慮した一般的な表現に変化しているのだと捉えることができる。

4　マーケティング戦略の重要性

　製造業者のマーケティングでは、上述した4Pで表されるマーケティング・ミックスを計画し実行する必要がある。他の個人や組織の場合にも、その特徴に応じたマーケティング・ミックスを計画・実行することになる。
　効果的なマーケティングを展開するためには、マーケティング・ミックスの諸要素が相互に有機的に連動している必要がある。例えば、若年層のニーズに応えるような製品をつくったにもかかわらず、若者が普段あまり行かないような食品スーパーを主要な流通経路として設定したり、高級感を訴求しようとする製品に低価格を設定したのでは、効果的なマーケティング展開は望めない。
　マーケティング・ミックスの有機的な連動を図るためには、STPと呼ばれる作業を行い、マーケティング戦略の中にマーケティング・ミックスを位置づける必要がある。STPは、セグメンテーション（Segmentation）、ターゲティング（Targeting）、ポジショニング（Positioning）という3つの用語の頭文字をとったものであり、マーケティング戦略の根幹をなす重要なプロセスだ

と位置づけられている。

　セグメンテーションは、何らかの基準によって市場を複数のセグメントに細分化することを意味している。細分化の基準としては、性別、年齢といったデモグラフィック要因などが用いられる。何らかの切り口によってセグメンテーションがなされると、細分化された市場のうちの特定の1つないしは複数のセグメントが、ターゲットとして設定される。これが、ターゲティング（標的市場の設定）と呼ばれるステップである。ポジショニングは、ターゲットとする消費者が当該製品の特徴をよく理解できるように、心理的な位置づけを行う作業である。

　マーケティングの計画と実行においては、STPを策定しそれを土台としてマーケティング・ミックスを策定することが重要だ。そのことによって、マーケティング・ミックスを構成する個々の活動が有機的に連動し、一貫性のあるマーケティングを実践することが可能となる。以下では、STPのそれぞれについて、消費者行動との関連を含めて説明していこう。

1）セグメンテーション

　セグメンテーションは市場細分化とも呼ばれ、前述したように何らかの基準によって市場を細分化することを指している。市場という用語は、一般的には、売り手と買い手の集合、あるいは売り手と買い手が集まる場を意味している。マーケティングでは、上記の意味で市場という用語を使うこともあるが、買い手である消費者の集合という意味で市場という言葉を使用することも多い。なぜなら、マーケティングを計画・実行する主体である売り手の視点でみると、市場は買い手である消費者の集合だと捉えた方が自然だからである。ここで議論している市場細分化も、買い手である消費者の集合としての市場を、いくつかのセグメントに分割することを意味している。

　それでは、マーケティング戦略の策定において、なぜセグメンテーションが必要になるのだろうか。マーケティングの主体として特定の企業を考えた場合、市場全体に対して一つの製品を供給し、画一的なマーケティング・プログラムを展開した方が効率的なはずだ。逆に、個々の消費者にとっては、

自分のニーズや好みにぴったり合った仕様の製品を、自分の好みの方法で入手できることが望ましい。

ところが、消費者のニーズや好みは多種多様であるため、売り手である企業がそれに対応するためには、多種類の製品を多様な方法で提供する必要が生じてくる。極端にいえば、一人ひとりに対して別々な製品を別々な方法で提供することが、個々の消費者のニーズに応えることになる。ところが、一般にはこうした方法は売り手にとっては非常に効率が悪い。

セグメンテーションは、売り手である企業のニーズと買い手である消費者のニーズの接点にある方法だということができる。ニーズや好みが類似した同質的な集団からなるセグメントに市場を分割することができれば、その中の一つのセグメントに対しては画一的なマーケティング・プログラムを展開することができる。一方では、同一セグメント内のそれぞれの消費者にとっては、自分の好みやニーズに合致したマーケティング・プログラムが展開されることになる。このように、セグメンテーションで重要なことは、セグメント間ではニーズや好みが異なり、セグメント内ではそれらが同質的であるというように市場を細分化することである。

セグメンテーションで利用される主な基準には、人口統計的基準（デモグラフィック基準）、地理的基準、心理的基準、行動的基準の4つがある。人口統計的基準は、性別、年齢、所得、家族構成などのデモグラフィック属性によって消費者を分割するものであり、多くの企業で使われている。その理由として、この基準で市場を細分化した場合には、市場の潜在的な規模を把握しやすいこと、消費者のデモグラフィック属性と好みやニーズが結びついている場合が多いこと、などがあげられる。

地理的基準は、文字通り地理的な要因を基準とするものであり、居住地域、就業・就学地域などが用いられる。地域によって嗜好やニーズに差のある製品では、この基準が有効となる場合が多い。心理的基準は、消費者の心理的な側面に焦点を当てるものだ。例えば、消費者のパーソナリティや価値観などがこの基準に含まれる。

行動的基準は、消費者の購買行動や使用行動に焦点を当てるものである。

例えば、製品カテゴリーの消費量を基準とする方法もある．この基準を用いた場合、ヘビーユーザー、ミディアムユーザー、ライトユーザーといったように、製品カテゴリーの消費量の多寡によって複数のセグメントに分割されることになる。

2）ターゲティング

上記のような基準を用いてセグメンテーションが行われると、そのうちの一つないしは複数のセグメントがターゲットとして設定される。通常は、特定のブランドが一つのセグメントをターゲット市場とするように、ターゲティングを行う。同一の製品カテゴリー内で複数のブランドを展開する企業は、ブランドごとにターゲットを変えることによって、市場全体をターゲットとすることが可能となる。

例えば、資生堂は化粧品市場において非常に多くのブランドを扱っている。基本的なセグメンテーションの基準は性別と年齢であり、一つひとつのブランドは特定のセグメントをターゲットとしている。一方で、ターゲットの異なる多くのブランドの集積によって、化粧品市場を広く捉えることに成功している。

このように、セグメンテーションとターゲティングの策定においては、消費者のニーズや好みの異質性と類似性を把握することが重要となる。

3）ポジショニング

ポジショニングとは、「ターゲットとする消費者の心の中に独自のポジションを占めるために、訴求ポイントとすべき製品の特徴やイメージを明確化すること」を意味している。ここで重要なことは、独自のポジションを得るのは消費者の心の中だということだ。たとえ、その製品が独自性のある特徴を有していたとしても、そのことが消費者に理解されなかったり、評価されなかった場合には、消費者の心の中に独自のポジションを築くことはできない。

例えば、「世界最軽量のノートパソコン」というポジショニングは、携帯

性を重視する消費者の心の中で独自の位置づけを得ることができるだろう。ところが、「世界最軽量のデスクトップパソコン」というポジショニングは、それが事実であったとしても、消費者の心の中に独自の位置を得ることはできないはずだ。ほとんどの消費者は、デスクトップパソコンに携帯性や軽量性を求めていないからである。

このように考えると、消費者が重視している製品の特徴の中で、対象ブランドの独自性と優位性を訴求できる切り口を探すことが、ポジショニングの要諦であることがわかる。このとき、すでに重要性が認識されている顕在的な特徴に焦点を当てることもあるが、消費者がまだその重要性に気づいていない潜在的な特徴にフォーカスする場合もある。

ポジショニングには、さまざまな方法があるが、コトラーとケラーによる説明を参考として主な方法を整理すると、「製品属性に基づくポジショニング」「品質に基づくポジショング」「ベネフィットに基づくポジショニング」「価値に基づくポジショニング」「用途や目的に基づくポジショニング」などがあげられる（Kotler & Keller, 2006）。

例えば、ソニーは、ノートパソコン、ビデオカメラ、デジタルカメラなどのいくつかの製品で、「世界最小・最軽量」というポジショニングを行っている。先述したデスクトップパソコンとは異なり、これらの製品カテゴリーで最小、最軽量という属性に焦点を当てることは、効果的なポジショニングの方法だと考えられる。

品質に基づくポジショニングの例として、ハーゲンダッツがあげられる。ハーゲンダッツは、「スーパープレミアム・アイスクリーム」というポジショニングによって、高品質という特徴を訴求している。ベネフィットに基づくポジショニングも多くの例がみられる。例えば、ボルボは「最も安全な車」というポジショニングを行っている。

ボルボと同じ乗用車の日産・セレナは、「モノより思い出」「家族の絆をシフトする」という表現で、広告やプロモーションを展開している。セレナは、ワンボックスタイプの乗用車であり、子供のいる家族をターゲットとしている。そのターゲットに対して、セレナの乗用車としての物理的な特徴やベネ

フィットではなく、家族の思い出や絆という価値を一貫して訴求することで、「家族の絆を深める車」というポジショニングを行っているのだと理解できる。

用途や目的によるポジショニングで成功した典型的な例として、朝用の缶コーヒーとしてポジショニングされた、アサヒ Wanda モーニングショットをあげることができる。これは、缶コーヒー市場において、朝用という特定の用途を訴求するものであり、それまで他ブランドが訴求してきたポイントとは全く異なるものだった。この斬新な訴求ポイントが、ターゲットであるビジネスパーソンのニーズに合致したために、ターゲット消費者の心の中に独自のポジションを築くことに成功したのだと考えられる。

ポジショニングを検討するときによく利用されるのが、知覚マップ（perceptual map）と呼ばれる図だ。これは、市場に存在する既存のブランドの位置づけを図示したものであり、消費者の知覚に基づいて描かれることからその名称がつけられている。その意味で知覚マップは、消費者の心の中における既存ブランドの位置づけを表したものだということができる。既存ブランドの現状のポジションを把握することは、新ブランドのポジショニングを行う際に大いに役立つことはいうまでもないだろう。

消費者は、さまざまなブランドの知覚をもとにして、心の中にそれらのブランドを位置づけている。消費者の知覚の性質を理解することは、ポジショニングを考える際に大変有用となる。消費者の知覚については、第３章で詳述される。その中で、知覚マップについても触れられる。なお、知覚マップは、プロダクトマップ、ポジショニングマップと呼ばれることもある。

5　マーケティングの役割と消費者行動

1）マーケティング・コンセプト

マーケティングは、生産、人事、財務、研究・開発などとならび、企業経営における重要な機能の一つである。一方でマーケティングは、企業経営の

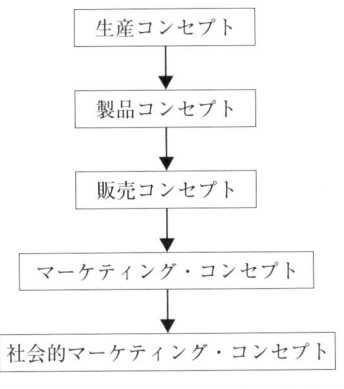

図1-3　企業の経営理念の変化

方向性を示す理念や指針の役割も果たしている。端的にいえばそれは、顧客を中心にビジネスを組み立てようという考え方であり、このような企業経営の理念はマーケティング・コンセプトと呼ばれる。

　企業経営の方向性を示す理念は、大きく分けて図1-3のような5つのタイプがあり、時代とともに変化してきている。第一の考え方は「生産コンセプト」である。これは、最も古くからあるものであり、企業の競争力を最も大きく左右するものは生産能力であるとする考え方だ。ここでは、生産能力を向上させ、供給力の拡大とコストダウンによる低価格化を果たすことが企業の競争力の最も重要な源泉になると考える。市場における需要が供給を上回っている場合には、上記のことをいち早く成し遂げた企業が競争上優位に立つことができる。

　ただし、消費者のニーズや嗜好が多様化してくると、特定製品の大量生産によるコストダウンという強みを活かしにくくなる。さらに、大量生産の強みを持っていること自体が、ニーズや嗜好の多様化への対応の遅れにつながりやすいという危険性もある。

　二番目の考え方は「製品コンセプト」である。これは、消費者は最も良い品質・性能の製品を好むということを前提として、良い製品をつくることに注力しようという考え方である。このことは製造業者としては一見当たり前

の発想にみられるかもしれない。しかしながら、過度な製品志向は「近視眼的マーケティング（marketing myopia）」に陥りやすいという危険性を持っている。

　近視眼的マーケティングはレビットが提唱した概念であり（Levitt, 1960）、消費者が欲しいのは製品そのものではなく、解決策であるという考えを土台としている。すなわち、消費者は必ずしも良い製品を望んでいるのではなく、良い解決策を望んでいるのであり、このことを忘れて目の前の製品だけしか見なくなると、消費者が何を望んでいるのかを見逃してしまいやすくなるというのである。

　レビットは、近視眼的マーケティングに陥った例の一つとして、米国の鉄道会社をあげている。利用者が求めているのは、鉄道そのものではなく移動手段である。したがって、もし、米国の鉄道会社が早い段階でこのことに気づいていれば、乗用車や航空などの成長産業に進出できたはずだと、彼は主張している。

　市場対応の考え方の第三は、販売コンセプトである。これは、企業経営の成否を左右するのは販売であるという考え方である。供給能力が需要を上回っている市場や、固定費の比率が高く、一定規模の販売量が必要となるような産業で採用されやすい。

　販売志向という考え方の落とし穴は、長期的な成長を阻害する危険性があるということである。販売志向では、製品を販売することが重要な目的とされるため、販売した時点で目的が完結することになる。このため、視点が短期的になりやすく、長期的な成長を阻害してしまう可能性がある。

　第四の考え方は、マーケティング・コンセプトである。これは、ターゲットとする消費者セグメントを明確化し、企業のさまざまな機能を有機的に協調させながら、顧客満足を最大化していこうという考え方である。顧客満足に焦点を当てることによって、一度購買した顧客が2度、3度とその企業の製品を買うという、リピート購入につながることになる。販売コンセプトでは、販売の達成による企業の売上、利益に大きな焦点が当てられているのに対し、マーケティング・コンセプトでは販売の先にある顧客の満足に焦点が当てられている。言い換えると、マーケティング・コンセプトとは、顧客志

向をビジネスの中心に据えるという企業活動の考え方だということができるだろう。

先述したように、ドラッカーは「マーケティングの目的はセリングを不要にすることである」という言葉でマーケティングの特徴を表現している。同時に、この言葉はマーケティングと販売との相違を端的に表していると理解することができる。販売活動が、すでにできあがった製品と所与の仕組みを出発点として、いかにして製品を売るかを考えて実行することだとすれば、マーケティング活動では、ターゲットを明確化しそのニーズを把握することが出発点となる。そのことを土台とし、ポジショニングとマーケティング・ミックスを適切に策定することができれば、製品が自然に売れていき顧客満足が達成され、それが次の購買へと結びつく。マーケティング活動は、このような循環を形成することを目的としている。

現在では、マーケティング・コンセプトの次の段階として、社会的マーケティング・コンセプトが位置づけられるようになっている。これは、顧客満足の達成を、社会全体の幸福や利益に資するやり方で行っていくことを目指すという考え方である。今日では、企業の社会的責任や社会貢献の重要性が強く認識されるようになっている。社会的マーケティング・コンセプトという考え方は、こうした流れを背景としている。

2）顧客満足を通じた利益獲得

ドラッカーは、企業が事業を営む目的を「利潤」ではなく「顧客満足」におくべきだとしている（Drucker, 1974）。これはどのように考えればよいのだろうか。企業が存続し持続的な成長を成し遂げるためには、利益を獲得してそれを次の成長機会のために投資することが不可欠のはずだ。

ヤマト運輸の前社長で宅急便の生みの親としても知られる小倉昌男は、ヤマト運輸の経営方針を、「サービスが先利益は後」という言葉で表している（小倉, 1999）。この言葉の背景にも、上述したドラッカーと同様の考え方がある。つまり、企業にとって利益の獲得はもちろん重要であるが、それは顧客満足を通じて達成する必要があるということだ。このことは順序が大事だと

いうことを表している。顧客満足の結果として利益が得られるのであり、その逆では決してないということだ。

上記のことを勘案すると、マーケティング・コンセプトを軸とした企業経営の考え方を、図1-4のように整理することができる。優れたマーケティングが顧客満足を達成し、そのことが利益の獲得につながる。さらに、獲得された利益が次のマーケティング活動のための原資としてフィードバックされる。

図1-4を社会的マーケティング・コンセプトに拡張すると図1-5のように表すことができる。ターゲット顧客の満足は社会全体の幸福につながる。企業の得る利益は、税金や企業の社会貢献活動を通じて社会全体の幸福と利益につながる。さらに、近年多くの企業が実施しているコーズ・リレーテッド・マーケティングなどの手法によって、マーケティング活動を社会の幸福や利益にダイレクトにつなげることも考えられる（コーズ・リレーテッド・マーケティングについてはトピック参照）。

近江の国を本拠とし、江戸時代を中心に活躍した近江商人は遠隔地での行商を中心とする広域志向の商人であったという。彼らの商いの理念を表した

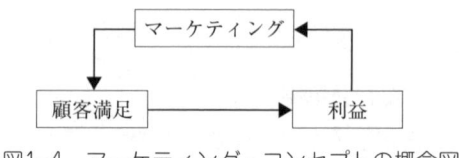

図1-4　マーケティング・コンセプトの概念図

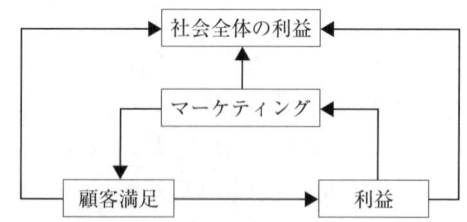

図1-5　社会的マーケティング・コンセプトの概念図

言葉に、「売り手よし、買い手よし、世間よし」というものがある。後の研究者がこのことを「三方よし」という言葉で表している。この三方よしという理念は、図1-5で表した社会的マーケティング・コンセプトにぴったりと当てはまる。そして、このことを成し遂げるためには、売り手の利益を出発点とするのではなく、買い手の満足を出発点とする必要がある。

図1-2で示したように、マーケティングと消費者行動は密接に関連している。先述したコトラーの言葉のように、「マーケターは、消費者行動の理論と現実の双方を十分に理解しなくてはならない」のと同様に、消費者行動論に興味・関心を持つビジネスパーソンや学生にとっては、マーケティングの理論と実際を理解することが、消費者行動の深い理解のために有用となるだろう。

|用語解説|

神経科学(ニューロサイエンス):神経科学の研究領域は幅広いが、消費者行動研究とは、特に認知神経科学と呼ばれる領域が関連する。認知神経科学は、神経系と心理・認知活動との関係を扱う領域であり、近年脳の活動を可視化する技術が発展してきたことによって、研究が大きく進展している。認知神経科学は、一般に脳科学と呼ばれる研究領域と、その内容がほぼ重複している。

神経経済学(ニューロエコノミクス):神経経済学は、神経科学(特に、認知神経科学)を学問的基盤として、人間の経済活動を研究する領域である。第9章で扱うニューロマーケティングは、神経経済学の下位領域に位置づけることもできる。

トピック:コーズ・リレーテッド・マーケティングと消費者行動

コーズ・リレーテッド・マーケティング(Cause Related Marketing:以下、CRM)は、日本でも一般的なマーケティング手法として定着してきている。コーズは大義、信条といった意味であり、健康問題、貧困問題や環境問題などの社会的コーズを支援することが、CRMの目的となる。具体的な活動内容は、製品の売上から得られた利益の一部を、企業が支援しようとする社会的コーズに関連する組織に寄付する、ということになる。

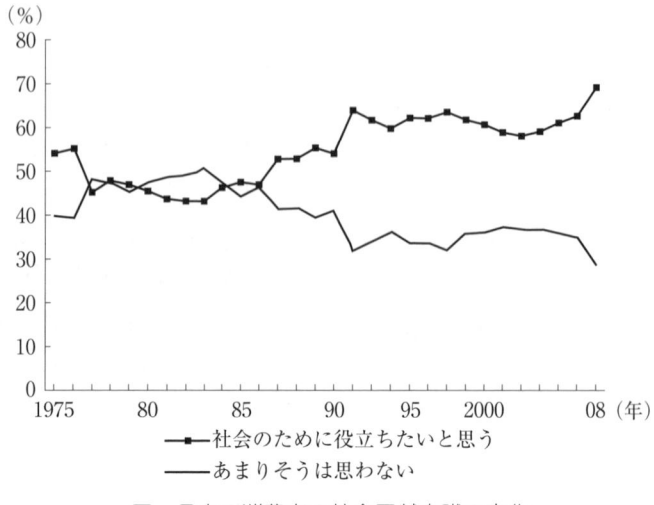

図　日本の消費者の社会貢献意識の変化

　CRMは企業の社会貢献活動の一方法として位置づけられるが、一方では、売上やブランド・イメージの向上などのマーケティング上の目的を達成することも求められる。ところが、マーケティング目的があまり前面に出てしまうと、社会貢献活動という主旨と乖離してしまうし、消費者にもマイナスのイメージをもたれてしまう場合がある。このため、CRMの実施に際しては、企業が支援するコーズとその企業の事業領域との間に、消費者が納得するような結びつきがあるか否かが重要だとされる。例えば、日本におけるCRMの成功事例の一つであるVolvic 1L for 10Lの場合には、ミネラルウォーターのブランドであるボルヴィックが、アフリカの水で困っているところに井戸を提供するというものであり、事業領域と支援するコーズとの間に明確な関連性がある。

　近年、多くの企業がCRMに取り組んでいるが、その背景には社会的マーケティングの重要性に対する企業側の認識とともに、消費者側の意識の変化がある。内閣府が毎年発行している国民白書をみると、日本人の社会貢献意識が近年大きく向上していることがわかる。図表は、国民白書に掲載されている「社会のために役立ちたいと思う」人の比率と、「あまりそうは思わない」という人の比率の推移をみたものだ。1980年代後半までは両者の比率が拮抗しているが、その後両者の差が徐々に拡大し、2008年には「社会のために役立ちた

いと思う」人の比率が 69.2%、「あまりそう思わない」という人の値が 28.5％と大差がついている。

　2011 年 3 月 11 日の東日本大震災の影響もあって、日本の消費者の社会貢献意識はさらに大きく向上していると思われる。こうした消費者意識を踏まえると、CRM は今後ますます一般的なマーケティング手法として定着していくと考えられる。

第2章
消費者行動研究のアプローチ方法

★章のねらい★

　消費者行動研究をアプローチの方法で分類すると、心理学的アプローチ、計量的アプローチ、解釈的アプローチという3つに大別することができる。これらのうち心理学的アプローチによる研究が、現在の消費者行動研究のメインストリームとなっている。

　本章では、上記の3つのアプローチの特徴を整理するとともに、特に心理学的アプローチにおける重要な理論とモデルを紹介する。さらに、消費者行動研究におけるデータ取得の方法について解説する。これらによって、消費者行動研究がどのような学問的基盤を持っているのかを理解するとともに、実際に消費者行動の分析・研究を行う際にはどういったデータが用いられるのかを把握する。このように、消費者行動研究のアプローチ方法を理解することが、この章の目的となる。

1　消費者行動の研究アプローチ

1）研究アプローチの3つのタイプ

　ピーターとオルソンは、消費者行動研究のアプローチ方法を、「伝統的」「解釈的」「マーケティング・サイエンス」の3つに分類している (Peter & Olson, 2010)。ここでは、彼らの整理を土台として、消費者行動研究のアプローチ方法を、「心理学的アプローチ」「解釈的アプローチ」「計量的アプローチ」という3つに整理しよう。それぞれのアプローチ方法の特徴は表2-1の

表 2-1　消費者行動研究のアプローチ方法

アプローチ方法	コアとなるディシプリン	主な目的	主な手法
心理学的アプローチ	心理学	消費者の意思決定と行動の説明	質問紙調査 実験
解釈的アプローチ	文化人類学	消費者の消費行動の理解	ロングインタビュー グループインタビュー
計量的アプローチ	経済学、統計学	消費者の選択と行動の記述・予測	数理モデリング

出所：Peter & Olson（2010）p.10 を参考にして作成。

ようにまとめることができる。

　心理学的アプローチでは、主として消費者の購買意思決定と購買行動に焦点を当て、それらを説明することに重点を置く。このアプローチの基盤となる主要なディシプリン（固有の方法論を持つ学問分野）は心理学であるが、特に認知心理学、社会心理学の影響を強く受けている。また近年では行動経済学（経済心理学）の領域の研究にも多大な影響を受けている。データ収集方法としては、質問紙調査法、実験法が主として用いられる。

　解釈的アプローチでは、消費の意味を理解することに重点を置く。このアプローチでコアとなるディシプリンは文化人類学であり、データ収集方法としては深層面接法や観察法などが多く用いられる。計量的アプローチは、経済学、統計学を基礎としており、消費者のブランド選択、店舗選択、購買決定などの記述と予測が主たる焦点となる。分析手法としては、数理モデルが主として用いられ、消費者の購買履歴データなどの大量かつ詳細なデータを用いて分析することが多い。

　上記の3つのうち、心理学的アプローチが、現時点での消費者行動研究のメインストリームとなっている。本書では、第8章の「消費者調査（質的調査を中心に）」において解釈的アプローチで利用される調査方法についても取り上げているが、基本的には心理学的アプローチに基づく消費者行動研究を理解することを目的として章を組み立てている。とはいえ、このアプローチによる消費者行動研究の特徴を把握するためには、その対比として解釈的ア

プローチと計量的アプローチの特徴を知ることが役に立つと思われる。そこで、ここでは2つのアプローチの特徴について簡単に紹介しておこう。

2）解釈的アプローチによる消費者行動研究の特徴

　心理学的アプローチや計量的アプローチによる消費者行動研究では、現実の消費者行動を説明したり、予測することを主眼としている。一般に科学的研究においては、普遍的な法則によって現象を説明することを目的とし、理論の予測的な機能を重視する。このような立場は実証主義と呼ばれる。心理学的アプローチと計量的アプローチによる消費者行動研究は、基本的にはこのような実証主義の立場をとっている。

　一方、解釈的アプローチは解釈主義と呼ばれる考え方を基盤としている。実証主義に基づく研究においては、現象の一般的法則を発見することを目指すのに対し、解釈主義の立場では、特定の時期や場所での具体的な現象を研究し、時期や文脈と結びついた動機、意味、理由その他の主観的体験を探究する（武井, 1997: 176頁）。

　解釈的アプローチによる消費者行動研究の端緒となったのが、ホルブロックとハーシュマンによる消費経験論である（Holbrook & Hirschman, 1982; Hirschman & Holbrook, 1982）。彼らは、消費者行動研究のほとんどが、製品の選択行動に焦点を当ててきたために、製品の使用行動には十分な関心が払われてこなかったことを批判し、製品の使用によって生じる消費者の感情的で主観的な経験に焦点を当て、研究を行った。

　このように、解釈的アプローチによる消費者行動研究においては、特に消費者の使用行動（所有も含む）に焦点を当て、消費者の個人的な経験を理解しようとすることに主眼を置いている。こうしたテーマは、心理学的アプローチや計量アプローチによる研究が焦点を当てにくい領域であることは間違いない。その意味で、解釈的アプローチと実証主義的アプローチは、相反するアプローチ方法であるというよりは、相互に補完的な役割を果たしていると考えることができる。

3）計量的アプローチによる消費者行動研究の特徴

　このアプローチによる消費者行動研究では、詳細なデータを利用した計量的な解析によって消費者行動を記述・予測することを目的としている。後述するように、近年では消費者の行動履歴データが一般化してきた。これらのデータの多くは詳細かつ大量のデータであり、計量的な解析に適したデータである。

　計量的アプローチで最も活発に研究されているのが、消費者のブランド選択行動だ。後述するスキャナー・パネル・データや顧客ID付きPOSデータは、個人別または世帯別の購買履歴データであり、これらのデータを利用したブランド選択行動に関する実証的研究が活発に展開されてきた。これらの研究の多くは、消費者のブランド選択行動に関する数理モデルを開発し、そのモデルによって消費者行動の記述と予測を行うことを目的としている。そして、そのモデルを購買履歴データに適用することで、モデルの有効性を実証している。

　計量的アプローチと心理学的アプローチは、ともに消費者の購買意思決定と購買行動に主たる焦点を当てている。このため、上述した数理モデルの中には、心理学的アプローチによる消費者行動研究における研究成果を取り込んでいるものが多くある。例えば、第7章で説明するような消費者のヒュー

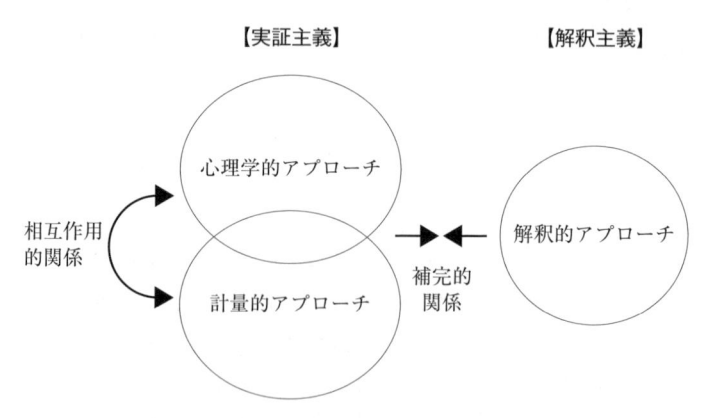

図2-1　消費者行動研究における3つのアプローチ間の関係

リスティックスに対応したブランド選択モデルや、後述するプロスペクト理論を土台としたブランド選択モデルが開発されている。さらに、心理学的研究から導かれた理論の有効性が、数理モデルによる実証研究によって検証されることもある。その意味で、心理学的アプローチによる研究と計量アプローチによる研究は、相互作用的な関係にあると捉えることができる。先述した解釈アプローチとの関係も含めて、このような3つの研究アプローチ間の関係は図2-1のように整理することができる。

2　心理学的アプローチによる消費者行動研究の理論とモデル

　心理学的アプローチによる消費者行動研究では、消費者の購買意思決定とそれに伴う購買行動に主たる焦点が当てられてきた。したがって、このアプローチによる消費者行動研究を理解するためには、消費者の購買意思決定過程における心理的な働きを深く知る必要がある。このような心理的な機能には、消費者の知覚、知識、記憶、関与、態度といったものがあげられる。これらの諸概念と消費者意思決定の特徴については、本書の第3章以降で詳述する。

　本節では、心理学的アプローチによる消費者行動研究を理解する上で重要な役割を果たす理論とモデルについて説明しよう。

1）消費者行動の包括的概念モデル

　モデルとは、分析の対象となる現象の基本的性質に関して、その現象を模倣しているものを指す。現実の世界における現象は複雑であり、その性質のすべてを記述することは不可能である。このため、重要となる性質を抽出し、ある程度単純化して記述することによって理解を容易にすることができる。このように、単純化された記述のことをモデルと呼ぶ。

　消費者行動のモデルには多くの種類がある。先述した数理モデルは、消費者のブランド選択や購買決定の実態を数式によって記述したものである。一

方で、消費者行動の概念モデルは、消費者行動の過程を概念的に図示したものを指す。その代表的なものが、消費者行動の包括的概念モデルである。これは、問題認識から購買、消費、廃棄に至るまでのプロセスを包括的にモデル化したものであり、1960年代にそれまでのさまざまな消費者行動研究が統合されるかたちで、多くのモデルが構築された。

　この時代の代表的なモデルとして、ニコシア・モデル（Nicosia, 1966）、ハワード＝シェス・モデル（Howard & Sheth, 1969）、エンゲルらによるEKBモデル（エンゲル＝コラット＝ブラックウェル・モデル）があげられる（Engel et al., 1968）。図2-2は、EKBモデルを基礎として発展してきた、ブラックウェルらによるにBMEモデル（ブラックウェル＝ミニアード＝エンゲル・モデル）である（Blackwell et al., 2005）。このモデルでは、消費者が外部刺激に接触してからその情報を保持し、記憶されている内部情報と統合される情報処理過程と、購買から廃棄に至るまでの購買・使用過程が説明されている。

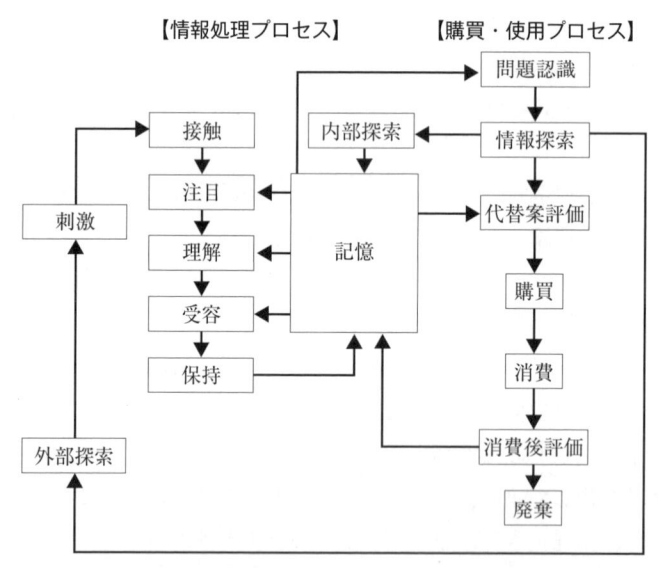

図2-2　購買意欲意思決定過程モデル（BMEモデル）
出所：Blackwell et al. (2005) p.85を元に、一部簡略化して作成。

図2-2の右側は消費者の購買・使用プロセスが示されている。この過程は、消費者が生活上の何らかの問題を認識することからスタートする。その後、記憶されている内部情報と外部の情報が探索され、代替案の評価がなされる。さらに、代替案の中から特定の選択肢が選択・購買され消費される。消費の結果は消費後評価として記憶され、次回以降の購買時における代替案評価にフィードバックされる。

　図2-2の左側には消費者の情報処理プロセスが示されている。ここでは、記憶が中核的な役割を果たし内部と外部の情報を探索し、それらが統合されて代替案の評価がなされる。記憶の特徴と役割については、第4章で詳述される。

　このような概念モデルについては、先述した数理モデルのように、データを利用してモデルが現実の消費者行動にどの程度適合しているのかを検証することは困難である。しかし、こうしたモデルによって、消費者行動を俯瞰的に見渡してその概要を理解することができる。その意味で、包括的概念モデルは、消費者行動の全体像を理解するための見取り図の役割を果たすものだと捉えることができるだろう。

　図2-2に示されている情報探索から購買に至るまでの過程では、評価・検討する製品の集合が変化するのが一般的である。検討当初の段階では、比較的多くの製品が検討対象になるだろうが、購入直前の段階では、絞り込まれた選択肢間で比較検討が行われると考えられる。このような選択肢の絞り込みのステップは、図2-3に示されるように、「入手可能集合」-「知名集合」-「考慮集合」-「選択集合」-「選択」という階層構造で表すことができる。

　入手可能な製品の集合の

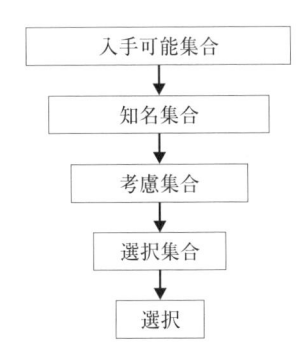

図2-3　消費者選択における絞込みのステップ

中で、消費者が知っている製品が知名集合を形成する。知名集合には、もともと知っていた製品とともに、検討段階で新たに知ったものも含まれる。知名集合のうち、購入検討の対象となる製品の集まりが考慮集合である。例えば、乗用車の中でもワンボックスカーを買おうと考えている人を例にとると、トヨタ・エスティマ、日産・セレナ、ホンダ・ステップワゴンなどの車種が考慮集合に入ってくるだろう。

　消費者がそれらの選択肢に関する情報を検討すると、最終的な検討段階ではいくつかの候補からなる選択集合に絞られる。そして最終的にその中から一つの選択肢が選ばれることになる。

2）消費者情報処理理論とベットマン・モデル

　消費者情報処理理論（consumer information processing theory）は、認知心理学の強い影響を受けて発展してきた理論であり、情報処理という観点から消費者行動をみていこうとするところに、その特徴がある。消費者が有する情報は常に不完全であるため、追加的な情報を取得し、その情報と記憶内にある情報とを統合して代替案の評価と選択を行う。消費者情報処理理論では、このような情報処理行動として消費者行動を捉える。このため、情報処理理論に基づく研究では、消費者がどのような刺激を受けて何を購買したかという、原因と結果との関係をみるだけではなく、情報がどのように取得、統合されて最終的な意思決定につながったのかというプロセスに焦点を当てることになる。

　消費者情報処理理論を土台としたモデルの代表がベットマン・モデルであり、図2-4に示される（Bettman, 1979）。このモデルでは、消費者が生活上の課題を解決したいという動機をもち、それと関連した目標を持っていると考える。さらに、その目標達成に役立つような情報に注意を払い、すでに記憶している情報と対応させてその情報を解釈する。このような過程を知覚符号化と呼ぶ。

　情報取得と評価の過程では、記憶内に保持している情報を探索するとともに、それが不十分な場合には外部の情報を探索する。このようにして探索さ

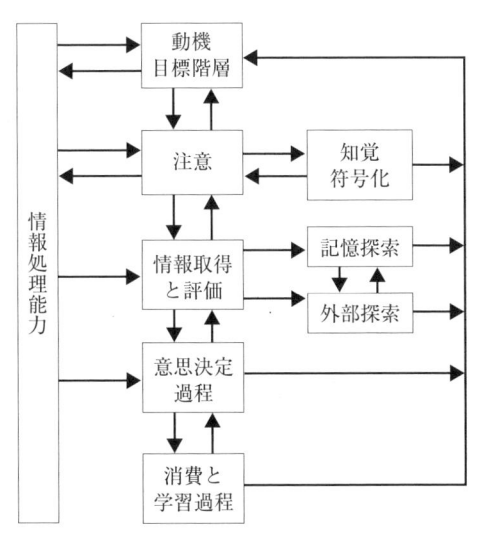

図2-4 ベットマン・モデル
出所：Bettman（1979）p. 46を元に、一部を簡略化して作成。

れた情報をもとにして、消費者は意思決定を行う。上記の過程を経て選択された製品が使用されるとその経験が学習され、その情報が将来の購買機会にフィードバックされる。

　これらのプロセスにおいて、どの程度深く精緻な情報処理がなされるのかは、消費者の問題解決に対する動機の強さと目標の明確さに依存する。消費者の動機の強さに影響する重要な変数として関与をあげることができる。関与ないしは関与度は、対象とする製品や買物そのものに対する、消費者の関心度や重要度の高さを表す概念である。関与が高いほど、問題解決に対する動機が強くなると考えられる。消費者の関与については、第5章で説明される。

　図2-4では、情報処理能力がそれぞれの過程に影響しているが、人間の情報処理能力には限界があるために、それぞれの段階において簡便な方法が利用される。例えば、図2-4の意思決定過程において、消費者は複雑な決定方

法を用いるのではなく、ヒューリスティックスと呼ばれる簡便な方法を用いて、代替案を評価し購買決定を行うと考えられている。例えば、連結型と呼ばれるヒューリスティックスがある。これは、選択肢の有する各属性について必要条件を設定し、必要条件を満たさない属性が一つでもあると、その選択肢を排除するというものだ。このヒューリスティックスを用いて選択を行う場合には、すべての属性について必要条件をクリアするもののうち、最初に出会った選択肢を選択することになる。

ヒューリスティックスには上記のほかにもいくつかの種類があることが知られており、対象となる製品や状況によってそれらが使い分けられているとされる。ヒューリスティックスの種類と特徴については、第7章で説明する。

3）行動経済学とプロスペクト理論

従来の経済学は「合理的経済人」を仮定し、その仮定に基づいた理論やモデルを構築してきた。ここで、合理的経済人とは、自己の利益を合理的に計算して追求する人間という意味である。一方、行動経済学はそのような合理的経済人を前提とするのではなく、現実の人間の意思決定や行動の特徴を明らかにすることを目的としている。

行動経済学は、2002年のノーベル経済学賞を受賞したダニエル・カーネマンと、彼の長年の共同研究者であったエイモス・トヴェルスキーという2人の心理学者を中心として、心理学研究を経済学に統合することによって進展してきた学問領域である。

行動経済学は、1980年代から急速に発展をとげてきたが、その頃から現在までの間に、上述の2人を含む行動経済学の中心的な研究者が、*Journal of Consumer Research* や *Journal of Marketing Research* などの、消費者行動やマーケティングの領域の学術誌にも多くの論文を発表してきた。

このことからもわかるように、行動経済学は消費者行動論にも大きな影響を与えている。行動経済学では、人の経済行動一般が対象とされるため、製品やサービスの購買行動と使用行動を主たる関心事とする消費者行動論では扱わないテーマも多く存在する。逆に、消費者行動論においては主要なテー

マであっても行動経済学では扱われない問題も多くある。

しかし例えば、第7章で説明するヒューリスティックスは、消費者行動論と行動経済学の双方における主要な研究テーマの一つになっている。また、第7章で説明されている心理的財布という概念とほぼ同一の心理的会計*（mental accounting）という概念が行動経済学の領域で提唱され、研究されている。さらに、近年の脳科学、神経科学の進展を受けて、脳の働きから消費者行動の解明を試みるという動きが、双方の領域において進展してきている。

このように、行動経済学と消費者行動論の研究領域はかなりの程度重複しているだけではなく、先述したように今日では行動経済学が急速に進展してきており、さまざまな研究成果が出てきている。このため、消費者行動を研究したり勉強するためには、行動経済学の領域における研究成果を消費者行動論の中に位置づけて理解することが重要になってきている。本書では、この項で行動経済学との関連を説明しているほかに、第6章、第7章、第9章においても、行動経済学における研究成果を取り込んで消費者行動の特徴を説明している。

行動経済学の領域における中心的な理論の一つがプロスペクト理論（prospect theory）である。これについては第6章で詳述するが、ここでも簡単に触れておきたい。プロスペクト理論は、伝統的な経済学で用いられてきた期待効用理論*を代替するものとして、カーネマンとトヴェルスキーによって理論化された（Kahneman & Tversky, 1979）。

プロスペクト理論におけるキー概念の一つが価値関数であり、それは図2-5のような形状をしている。図2-5は典型的な価値関数を表しているが、実際には個人や状況によって形状は異なる。しかし、次の3つの特徴はすべての場合に共通しているとされる（友野, 2006）。それらは、「参照点依存性」「感応逓減性」「損失回避性」の3つである。

参照点依存性とは、消費者の感じる価値は、対象となる変数の絶対値ではなく参照点からの乖離によって規定されることを意味している。例えば、現在の給料が10万円の人が昇給して15万円になったときにその人が感じる価値の大きさと、20万円の給料だった人が15万円に減給されたときに感じる

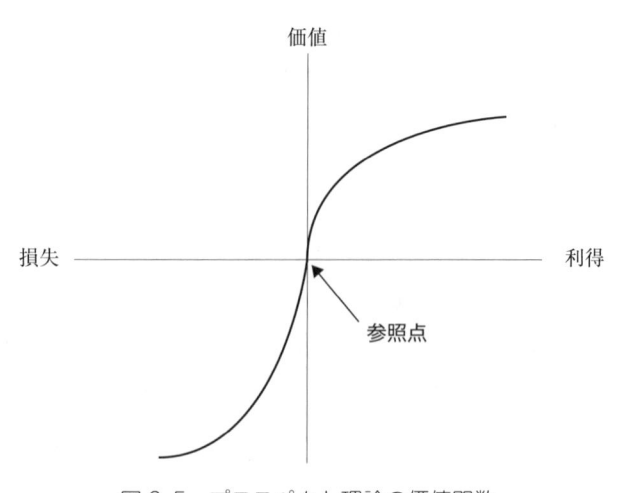

図 2-5　プロスペクト理論の価値関数
出所：Kahneman & Tversky（1979）をもとに作図。

価値の大きさは全く異なるはずだ。このように、人が感じる価値は、15万円という数値の絶対値ではなく、ある参照点からの乖離によって規定されると考えられる。上記の例では、現在の給料が参照点となって、新しい給料の価値が評価されると理解できる。このような特徴は「参照点依存性」と呼ばれる。

　図2-5の価値関数は、参照点を中心として利得の方向と損失の方向に変化したときの価値の増減の様子を表している。ここで重要な点は、利得の方向に動いたときと、損失の方向に変化したときで、価値の増減の幅が異なることだ。損失の方向に変化したときの価値の減少幅の方が、利得の方向に動いたときの価値の増加幅よりもかなり大きくなる。言い換えると、人は得よりも損に敏感だということだ。上述した「損失回避性」は、このような性質を指している。

　参照点から利得方向に動くと、価値は増加するがその増加の幅は徐々に逓減してくる。参照点から損失の方向に動いた場合にも、価値の減少幅は逓減する。このような特徴が「感応逓減性」である。

図2-5で示した価値関数を土台として、消費者行動のさまざまな現象を説明することができる。その一つがトヴェルスキーとシモンソンが示した極端回避性（extremeness aversion）と呼ばれるものだ（Tversky & Simonson, 1993）。これは、松竹梅のようにグレードの異なる選択肢が3つあると、真中のグレードのものが選ばれやすくなるという現象を説明するものだ。
　グレードの異なる3つの選択肢があると、真中のもの（松竹梅の場合には竹）が参照点となりやすい。このとき、松を竹と比較すると、竹よりも品質が良いという利得よりも、竹よりも価格が高いという損失の方が大きく感じられやすい。逆に、梅を竹と比較した場合、価格が安いという利得よりも、品質が劣るという損失の方を大きく捉えやすい。この結果、松と竹の比較では竹が、竹と梅の比較でも竹が優位となり、3つのうちから竹が選ばれやすくなる。このように、3つの選択肢があると真中が選択されやすいという極端の回避効果を、プロスペクト理論の価値関数で説明することができる。このほかにも、消費者が一度手にしたものに大きな価値を感じやすくなるという保有効果（endowment effect）が示されている（Knetsch & Sinden, 1984; Knetsch, 1989; Kahneman et al., 1990）ように、消費者行動のさまざまな特徴を、プロスペクト理論で説明することができる。

4）二重過程理論と精緻化見込みモデル

　人が情報処理を行う際に、直観的な処理システムと分析的な処理システムとを使い分けていることを説明するのが、二重過程理論（dual process theory）である。この理論は、認知心理学、社会心理学、意思決定理論などのさまざまな領域の研究者が提唱している（Stanovich, 2004）。上述したカーネマンも、ノーベル賞受賞時に発表された自伝の中で二重過程理論の有用性について触れている（Kaheman, 2002）。二重過程理論に基づいたモデルは、二重過程モデルと呼ばれる。
　スタノヴィッチは、直観的な処理システムをシステム1、分析的な処理システムをシステム2と呼び、さまざまな領域における二重過程理論を整理している（Stanovich, 1999）。研究者や研究領域によって、2つのシステムの名

表2-2 二重過程理論における2つのシステムの特徴

システム1	システム2
直観的	分析的
自動的	意識的
情報処理負荷　小	情報処理負荷　大
時間がかからない	時間がかかる

出所：Stanovich（1999）を参考にして作成。

称は異なっているが、一方が直観的かつ自動的で情報処理負荷の低い処理システムであり、もう一方が分析的かつ意識的で情報処理負荷の高い処理システムであるとするところは、共通している。2つのシステムの特徴は表2-2のように整理できる。

　現実の消費者行動においては、毎日の買物の多くではシステム1によって情報処理が行われ、高額のものや重要度の高い製品を購入する際にはシステム2による処理が行われていると考えることができる。

　消費者行動論やマーケティング論の分野における二重過程モデルの一つに、精緻化見込みモデル（elaboration likelihood model）がある（Petty & Cacioppo, 1981; 1986a）。このモデルはペティとカシオッポが提唱したものであり、説得的コミュニケーションに接した消費者の態度変容に焦点を当てたものである。

　説得的コミュニケーションに接した消費者が、メッセージ内容を深く検討する可能性（精緻化の見込み）があるか否かによって情報処理のルートを変化させると、このモデルでは想定している。精緻化の見込みは、動機と能力によって規定され、両者が高い場合には精緻化の見込みが高くなり、両者のいずれかまたは双方が低い場合には精緻化の見込みが低くなる。

　精緻化の見込みが高い場合には、中心的ルートによって態度形成がなされる。ここでは、メッセージ内容に対する認知的反応によって態度変化が生じ、この態度変化は強固で安定したものとなる。一方で、精緻化の見込みが低い場合には、周辺的ルートによる態度形成が行われる。この場合、メッセージの内容には直接的には関係しない、メッセージの送り手の魅力度や信頼度といった周辺的な手がかりによって態度変容が生じる。周辺的ルートによって形成された態度変容は、一時的で移ろいやすいものとなる。精緻化見込みモデルの中心的ルートは、二重過程理論のシステム2に相当し、周辺的ルート

はシステム1に該当する。精緻化見込みモデルについては、第5章でより詳しく説明する。

3 消費者行動研究におけるデータ取得方法

消費者行動研究におけるデータ収集方法には、さまざまな種類がある。ここでは、杉本の分類（杉本, 1997a）を参考とし、データ収集方法を「質問紙調査法」「実験法」「観察法」「面接法」「意思決定プロセスデータ」「行動履歴データ」「神経科学・生理学的方法」という7つに分類した上で、それぞれの特徴について説明しよう。

1）質問紙調査法

質問紙を用いて消費者に対して調査を行う方法を質問紙調査法と呼ぶ。この方法は、心理学的アプローチによる消費者行動研究で非常に多く用いられているほか、マーケティングの実務においても多く利用されている。質問紙調査法を利用する目的もさまざまである。例えば、第3章で説明する知覚マップを作成する際には、質問紙調査によって対象ブランドのイメージを聞いたり、ブランド間の類似性を把握するのが、一般的な方法である。

質問紙調査には、いくつかの調査方法のバリエーションがある。消費者行動研究では、調査票を郵送して回答結果を返送してもらう郵送調査法、インターネットを利用するインターネット調査法、調査対象者を会場に集めて行う集合調査法、小売店舗に来店した消費者を対象とする店頭調査法などがよく利用される。大学の研究者がよく利用する、学生を対象として教室で実施するような方法は集合調査法として位置づけられる。

これらの調査方法は、目的や予算によって使い分けられるが、郵送調査法とインターネット調査法は代替的に用いられることが多い。近年では、前者の方法から後者に大きくシフトしてきている。これは、インターネットが一般化してきたことによって、調査対象者の偏りが小さくなってきたことと、

コストとスピードの面でインターネット調査が圧倒的な優位性を持っていることによっている。これらの長所を活かし、インターネット調査では、比較的大規模なサンプルサイズの調査が実施されることが多い。

大規模なサンプルサイズによるインターネット調査の例として、日本版顧客満足度指数（JCSI：Japanese Customer Satisfaction Index）に関する調査・研究プロジェクトをみてみよう（南・小川, 2010；小野, 2010；酒井, 2010）。このプロジェクトは、マーケティングと消費者行動の研究者が調査・分析の中心的な役割を担い2007年から行われているもので、一般消費者を対象とした大規模なインターネット調査が実施されている。例えば、2010年1月～2月に実施された調査では、約4万2000人の消費者が対象となっている。

2）実 験 法

消費者行動に影響すると考えられる要因をコントロールして、複数の状況を設定した上で、それらの状況下における消費者行動を観測する方法を実験法と呼ぶ。実験法も、質問紙調査法と同様に、心理学的アプローチによる消費者行動研究において多く用いられている。実験法には、現実の状況下で実施するフィールド実験、仮想的な状況を設定して行う実験室実験、そして質問紙を使って行う質問紙実験の3つがある。

フィールド実験の例として、アイエンガーらが行った例をみてみよう（Iyengar & Lepper, 1999; Iyengar, 2010）。彼女らは、サンフランシスコのスーパーマーケットの試食コーナーで、6種類のジャムを品揃えする時間帯と24種類のジャムを揃える時間帯とを交互に入れ替えて、来店客の反応を調べるという実験を行った。この結果、品揃えが少ない前者の購入率の方が後者に比して圧倒的に高かった（詳細はトピック参照）。

現実のフィールドでは、要因のコントロールを厳密に行うことが難しいことが多いし、消費者行動の測定が難しい場合もある。このような場合には、実験室実験が行われる。例えば、店舗内の売場の陳列方法の相違によって、消費者の視線の動きと選択する商品がどのように異なるのかを把握したいという場合には、フィールド実験は難しい。このような場合には、実験室内に

模擬的な売場を設置し、商品配置の相違によって、視線と選択結果がどのように異なるのかという実験室実験を行うことになる。

　質問紙実験法は、質問紙を用いて複数の状況を設定し、状況の相違によって回答がどのように異なるのかを把握する方法である。質問紙調査法と実験法を組み合わせた方法だということもできる。この方法では、状況設定の異なる複数の質問紙を用意し、それらに対応する複数のグループに質問紙を配布する。質問紙は、グループ間では異なり、グループ内では同一となる。そのため、回答結果をグループ間で比較することで、設定された状況と回答結果との関係を把握することが可能となる。第7章（140頁）であげられているトヴェルスキーとカーネマンによる研究は、質問紙実験を用いた例の一つである。質問紙実験法は、心理学的アプローチによる消費者行動研究でよく用いられる。特に行動経済学の領域における消費者行動研究では非常に多く用いられている。

3）観　察　法

　観察法は、文字どおり消費者行動を観察することでデータを収集する方法である。観察法は、参与観察と非参与観察とに大別できる。参与観察法は、観察対象となる消費者の集団に入り込み、行動を共にしながら対象者の行動を観察する方法であり、解釈的アプローチによる消費者行動研究で多く用いられる。例えば、このアプローチによる消費者行動研究の代表的な研究者の1人であるハーシュマンは、米国のWASP（White, Anglo-Saxon, Protestant）の消費文化やライフスタイルを理解するために、18ヶ月もの間WASPの生活に入り込んで、参与観察を実施している（Hirschman, 1986）。

　なお、参与観察を含めたさまざまな方法を組み合わせたフィールドワークによって、対象となる集団の特徴を調査する方法をエスノグラフィと呼ぶ。エスノグラフィについては第8章で詳述する。

　非参与観察は、対象となる消費者の行動を外から観察する方法である。非参与観察では、観察対象となる消費者が観察者の存在には気づかないという前提で、普段どおりの行動を観察することを主眼とする。例えば、小林はス

ーパーマーケットでの買物客を対象とした非参与観察調査によって、買物客が店舗内をどのように歩いて買物をしているのかを分析している（小林, 1989）。また、米国のコンサルタントであるアンダーヒルやソレンセンの著作においても、小売店舗における非参与観察調査の結果が多く紹介されている（Underhill, 1999; Sorensen, 2009）。

4）面　接　法

面接法には、深層面接法、集団面接法などの方法がある。面接法は、心理的アプローチと解釈的アプローチの双方の消費者行動研究で用いられる。また、集団面接法はマーケティング実務においても非常によく利用されている。

深層面接法は、消費者個人を対象として行われる面接であり、通常は1時間から2時間もの時間をかけて行われる。専門の訓練を受けたインタビュアーが時間をかけて面接を行うことによって、通常の調査では引き出すことが難しい、調査対象の消費者の心の深層にある考えや感情を抽出することを目的とする。

集団面接法は、グループインタビューまたはフォーカスグループインタビューなどとも呼ばれる。通常は6～7名程度の調査対象者を集めて、司会役のモデレータの進行のもとで特定のテーマについて討議をしてもらう。なお、集団面接法については、第8章で一つの節を設けて詳しく説明する。深層面接法についても、第8章のモチベーションリサーチの節で触れている。

5）意思決定プロセスデータ

意思決定プロセスデータという呼び方は一般的な用語ではないが、ここでは、購買決定やブランド選択に関わる意思決定のプロセスを取得したデータを指す用語として使用する。行動履歴データや観察法などの方法を用いて、消費者の行動の結果をデータとして取得することは、比較的容易である。ところが、消費者の内的な意思決定過程を捕捉することはそれほど簡単ではない。

心理学アプローチによる消費者行動研究において、情報モニタリング法と

表2-3 デジタルカメラを対象とした情報ボードの例

選択肢	メーカー	価格	画素数	重さ	大きさ	デザイン	ズーム機能
A							
B							
C							
D							
E							
F							
G							

言語プロトコル法は、消費者の意思決定プロセスに関するデータを捕捉するために用いられてきた。特に第7章で詳述する消費者の決定方略に関する研究で、これらの方法が非常に多く用いられている。

情報モニタリング法では、情報ボードと呼ばれる表2-3のような装置を用いて意思決定時における情報取得順序を捕捉する。調査対象者には、情報ボードに呈示された複数の選択肢の中から一つを選択するという課題が与えられる。その際に、調査対象者は、それぞれの選択肢が有する属性（表2-3のデジタルカメラの例では、メーカー、価格、画素数、重さ、大きさ、デザイン、ズーム機能）の情報を一つずつ取得しながら選択を行う。どの選択肢のどの属性の情報を、どのような順序で取得するのかは、調査対象者が自由に決められる。

上記のような方法によって、調査対象者となった消費者が製品の選択を行う際の情報取得プロセスを把握することができる。情報ボードは、厚紙などを使って作成することもできるし、PC上に呈示することもできる。

言語プロトコル法は、被験者が意思決定過程において考えていることを言葉として発してもらい、その記録を分析することで意思決定のプロセスを把握するものだ。例えば、被験者がセルフサービス方式の店舗で実際に買物を行う際に考えていることをすべて口に出してもらいそれを録音する。このようにして記録されたデータをプロトコル・データと呼ぶ。プロトコル・データによって、消費者が購買意思決定過程で店舗内のどのような情報

を取得したのか、どのようなことを思い出したのか、それらをどのように解釈し統合したのかといったことを把握することができる。

6）行動履歴データ

　近年では、消費者の行動履歴を捕捉するデジタルデータを、多くの企業や組織が収集するようになった。これらのデータは、計量的アプローチによる消費者行動研究で頻繁に用いられている。

　行動履歴データのうち、消費者行動研究で最も多く利用されているのが、消費者の購買履歴データである。購買履歴データは、調査会社が収集しているものと、小売業者などの個々の企業が捕捉しているものとの、2つの種類がある。前者はスキャナー・パネル・データと呼ばれ、後者は顧客ID付きPOSデータなどと呼称されている。

　スキャナー・パネル・データのデータ取得方式にはストア・スキャン方式とホームスキャン方式の2種類がある。ホームスキャン方式では、調査対象者（パネラー）が、買ってきた製品のバーコードを家庭に設置してある機械で読み取らせることによって、購買履歴を捕捉する。ストア・スキャン方式は、調査対象者（パネラー）に提供したIDカードと、店舗のPOSデータとを組み合わせてデータを取得する。具体的には、店舗のPOSシステムで、パネラーが購買した製品のバーコードを読み取ると同時にIDカードの番号も読み取ることで、何番のパネラーがいつ何を何個いくらで買ったかがストア・コンピュータに保存されることになる。

　スキャナー・パネル・データは、調査会社が収集し基本的には商用ベースで利用されているものだが、一部のデータは研究者にも公開され、消費者行動研究でも利用されている。米国では1980年代前半から、日本でも80年代の後半から消費者行動研究に利用されるようになってきた。なお、近年では、小売業者自身がカード会員を組織化し、会員にIDカードを渡すことによって自社顧客の購買履歴データを収集するようになった。このように小売業者自身が収集する顧客データは、上述したスキャナー・パネル・データと区別して、顧客ID付きPOSデータと呼ばれることが多い。このデータも、ビ

ジネス目的での利用のほかに、消費者行動研究に利用されている。

　上述したような購買履歴データ以外で、今日の消費者行動研究で多く用いられるようになってきたものが、Web サイトの閲覧履歴データである。閲覧履歴データも、購買履歴データと同様に、調査会社が収集しているものと個々のサイト運営者によって捕捉されるものの2つの種類がある。これらのデータによって、Web サイトのページの閲覧状況を捕捉すると同時に、閲覧状況と購入との関係を捉えることが可能となる。

　近年では、RFID（Radio Frequency Identification）*などの技術を利用することによって、観察法のところで述べたような店舗内の買物客の動線を機械的に捕捉するような試みも行われている。このように、消費者の行動履歴を機械的に捕捉したデータが一般化してきており、それらのデータを利用した消費者行動研究も進展してきている。

7）神経科学・生理学的方法

　意思決定プロセスデータのところで述べたように、消費者行動研究では、結果として表れる行動だけではなく、行動に至る過程に焦点を当てることも重要となる。情報モニタリング法やプロトコール法は、こうした意思決定プロセスを捕捉するために利用されるが、これらの方法で捕捉されるデータはいずれも消費者が意識的に行う情報処理を対象としている。一方では、消費者の意思決定や行動には、意識的な側面だけではなく無意識的な側面が大きく影響していると考えられている。例えば、ザルトマンによると、思考や感情、学習の 95％は無意識の心の中で起きているとされる（Zaltman, 2003）。

　このような意識化されない活動や言語化が難しい活動を、情報モニタリング法やプロトコール法で捕捉することは難しい。もちろん、一般的な質問紙調査で回答してもらうことも困難である。こうした問題にアプローチするための一つの方法が、視線や脳波を測定する方法である。

　近年では、脳画像を測定するための機能的核磁気共鳴画像（fMRI）などの技術が発展し、脳の働きをみることで消費者の意思決定の特徴を把握しようとする研究が、神経経済学、ニューロマーケティングと呼ばれる領域で進展

してきている。この領域における研究については、第9章の「消費者行動研究のこれから」の中で詳述する。

　以上のように、消費者行動研究におけるデータ取得方法にはさまざまな方法がある。このうち、本書が基盤とする心理学的アプローチにおいて、最も一般的に利用されるのが、質問紙調査法と実験法である。これらの手法では、主として量的なデータを取得し、統計的な分析を適用することによって、消費者行動の特徴を説明することになる。これらの量的データを取得するための調査法や分析手法については、巻末に紹介する書籍をはじめ多くのテキストが出版されているので、詳細はそれらを参照してほしい。
　一方で、消費者行動研究における質的な調査手法に焦点を当てたテキストはほとんど存在しない。そのため、本書では第8章において、消費者行動研究で用いられる質的調査について説明する。第8章で紹介する質的調査は、上述で分類した方法の中で質問紙調査法、質問紙実験法、集団面接法、深層面接法、参与観察法などのさまざまな手法を組み合わせたりアレンジすることによるものが多い。

|用語解説|

心理的会計：お金の源泉や使途によって、心の中の異なる会計口座に割り振るという現象を指している。例えば、自分で働いて得たお金とギャンブルで当たったお金は、心の中の別々の会計口座に振り分けられるため、使い途や使い方が異なる傾向がある。あるいは、毎日の生活での日常的な買物と、旅行先での買物とでは、心の中の異なる会計口座から支出されるため、使い方が変わってくる。

期待効用理論：リスク下における意思決定理論。行為の結果が不確定な状況下においては、経済主体は効用をそれが得られる確率で加重平均した期待効用を最大化するように選択するという理論。例えば、選択肢aとbがあり、それぞれが得られる確率を$p(a)$、$p(b)$、それぞれの効用を$u(a)$、$u(b)$とすると、期待効用 EU は、

$$EU = p(a) \cdot u(a) + p(b) \cdot u(b)$$

となる。

RFID (Radio Frequency Identification)：微小な無線チップにより、それが添付されているモノを識別・管理する仕組み。例えば、店舗のカゴやカートに無線チップを添付し、売場の要所に受信機を付けることによって、特定のカゴやカートが店舗内をどのように動いたのかを捕捉することができる。まだ実験段階であるが、上記のような仕組みを利用して、買物客が店内をどのように歩いているのかを調査する試みが行われている。

トピック：選択肢が多いと買わなくなる──決定麻痺現象

アイエンガーとレッパーは次のような実験を行い、品揃えが多いと買わなくなるという現象が生じることを明らかにした。彼女らは、サンフランシスコのドレーガーズというスーパーマーケットの入口近くに試食コーナーを設置し、数時間ごとに多数の品揃えと少数の品揃えを入れ替えた。多数の品揃えでは24種類のジャムを並べ、少数の品揃えではそのうちの6種類だけを陳列した。その上で、コーナーに立ち寄った客全員に、どのジャムにも使える1ドル引きクーポンを提供した。そして、クーポンを集計することで購入結果を把握するとともに、コーナー近くで調査員が、立ち寄り客の様子を観察した。

この実験の結果は表に示されたとおりである。コーナー前を通過した客のうち、どのくらいの率の客が立ち寄ったかをみると、24種類の場合が約60%であり、6種類のときが40%となっている。多数の品揃えがある方がコーナーへの立ち寄り率が高いことがわかる。

表　ジャムの実験結果

【通過客数、立ち寄り客数、購入客数】

	24種類	6種類
通過客数	242	260
立ち寄り客数	145	104
購入客数	4	31

【立ち寄り率(%)と購入率(%)】

	24種類	6種類
立ち寄り率	59.9	40.0
購入率	2.8	29.8

※立ち寄り率は通過客のうちの立ち寄り客の比率、購入率は立ち寄り客のうちの購入客の比率。

出所：Iyengar & Lepper (1999).

ところが、立ち寄った客の購入率をみると24種類を陳列したときがわずか2.8％だったのに対し、6種類の場合には29.8％に達しており、実に10倍もの開きがあるという結果となった。品揃えが多い場合には、立ち寄った客の多くが選択に戸惑い、長いときには10分も迷ったあげくに買わないで立ち去ってしまったという。これに対し、6種類の品揃えの場合には、このような迷いが発生することが少なく、結果として購入率が高くなった。

　選択肢が多くなると迷いが生じてかえって購入率が下がるような現象は、決定麻痺現象と呼ばれ、トヴェルスキーとシモンソンなどが質問紙実験を用いて実証してきた（Tversky & Simonson, 1993）。アイエンガーとレッパーの研究は、フィールド実験を通じてこうした現象が現実の消費者行動でも発生していることを確認することに成功した。

第3章
消費者の知覚

★章のねらい★

　マスタードの色は黄色が普通である。ホットドッグにマスタードがついていると美味しそうに見える。ではマスタードが緑色だったらどうだろうか。筆者はフランスのおみやげにこのマスタードをもらったことがある。初めて見た緑色のマスタードは決して美味しそうではなく、食べてみたときの味も今一つに感じた。緑色という見慣れない色に違和感があったのだ。有名品だそうで、選好する消費者は多いのであろう。これが知覚である。知覚は人によって異なるばかりか、見た目や情報によっても異なる。どんなに優れた製品であっても、多くの消費者がポジティブに知覚しなければ成功しない。知覚は消費者行動を理解するための重要な概念である。この章で詳しく見ていく。

1　知覚のメカニズム

　知覚 (perception) は、消費者がマーケティングの刺激に接触し、接触した刺激に注意を向け、そして注意を向けた刺激を解釈する過程である。つまり、マーケティング刺激への接触、注意、および解釈の3段階からなる。マーケティング刺激は消費者に影響を与えるようデザインされたもので、製品の性能、ブランド名やパッケージだけでなく、販売店、陳列の場所や方法、店員の態度や説明、広告なども含まれる。知覚に記憶を含めると情報処理*(information processing) と呼ばれる。図3-1は情報処理モデルを示している。記憶は知覚の3段階それぞれに影響を与えるとともに、解釈の結果を保持するこ

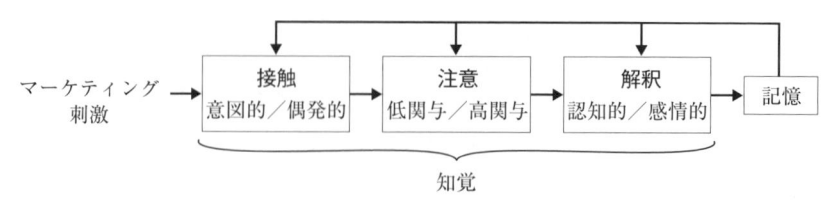

```
マーケティング    ┌──接触──→──注意──→──解釈──┐→記憶
刺激       →│意図的/偶発的│ │低関与/高関与│ │認知的/感情的│
              └─────────知覚─────────┘
```

図3-1　消費者の情報処理モデル

出所：Hawkins et al. (2007) を参考。

とにより更新されるので、両者は深く関わっている。刺激は情報であるが知覚の段階によって呼び方が変わる。一般的には接触の段階では刺激で、接触すると感覚あるいは感覚刺激となり、解釈によって意味を持つと情報となる。知覚は認知（cognition）と同じ意味で使われることがあるが、認知は知覚だけでなく、よりアクティブな思考や問題解決、動作の遂行も含んでおり、知覚よりも広範囲の意味を持っている（重野, 1994: 44頁; 八木, 1997: 4頁）。

1）接触（exposure）

　接触とは目、耳、鼻、口、皮膚などの感覚受容器（sensory receptor）を通して刺激を受けることである。接触が起きると感覚（sensation）が発生する。感覚は聴覚、視覚、嗅覚、味覚、触覚の五感である。接触では複数の感覚受容器を活性化することが可能で、比較的多くの刺激量を受容できる。例えば、テレビCMは目と耳を通して視覚と聴覚を同時に発生させることができる。しかし、それでも接触したすべての刺激が受容されるわけではない。なぜなら、受容できる刺激量には限界があったり、活性化される感覚受容器によって受容する刺激が異なったり、刺激のタイプが閾値（いきち：感覚受容器の気づく最低水準）を超えていなかったりするからである。閾値については3節で説明する精神物理法則と関連する。

　接触は意図的な接触と偶発的な接触の2タイプに分けられる。意図的な接触は自分の意思で特定の刺激に接触することである。例えば、醤油が切れていれば売り場に行って購入すべき醤油を探すし、自動車の購入を考えていれば自動車のCMやカタログを見たりディーラーや知人から話を聞いたりする。

ただし、こうした接触は少数の店やブランドに限定されたものであり、関連するマーケティング刺激すべてと接触するものではない。偶発的な接触は日常の生活環境の中でさまざまな刺激に接触することである。接触の大部分がこのタイプである。電車に乗っていて何気なく製品広告を見る、街を歩いていてショーウインドウに飾られている商品を目にする、テレビ番組を見ていてCMを目にするなどいろいろな接触がある。

接触を発生させるためには意図的な接触を促進し、偶発的な接触を最大化する工夫が必要である (Peter & Olson, 2010: pp.105-7)。前者については必要なときに適切な情報を提供できるように情報探索がしやすい環境を整えることが、後者についてはターゲットの消費者がよく利用する媒体や場所で刺激を提示することがあげられる。また、感覚受容器の閾値を超えるように刺激の強度を上げたり、刺激の提示時間を長くしたり、接触機会を増やしたりすることで刺激への接触と維持を高めることも考えられる。

2）注意 (attention)

注意とは、接触の結果、発生した感覚刺激を処理するために脳に送られるときに発生する。このとき注意が向けられる刺激は接触した刺激の特定部分に絞られる。刺激に注意が向けられている間は他の刺激を受容することはない。注意は低関与と高関与に分類することができる。低関与の注意は無意識のうちに自動的に行われるが、高関与の注意は自らがコントロールしながら意識的に行われる。消費者の注意を刺激に向けさせるためにはどのような要因が注意に影響を与えやすいのかを理解しておく必要がある。それらは刺激自体の要因、個人要因、および状況要因の3タイプに分けられる。

(1) 刺激自体の要因

注意の違いを生じさせる刺激の物理的特性は次に示すようにいろいろあり、これらの特性を工夫して刺激に取り入れることで刺激への注意を高められる。ただし、どんなに消費者の注意を引くことができた刺激であっても、繰り返し観察することにより慣れが発生すると、注意を引く効果は薄れていく。継続的に提示する場合には過去に用いた刺激を考慮に入れながら次の刺激を考

える必要がある。驚きを伴う思いがけないユニークな広告は消費者が見慣れた後でも注意を引き続けられるという報告があるので（Hawkins et al., 2007: p.293）、独創性を高めることを意識しながら次の特性を取り入れることが勧められる。

① サイズ： サイズによって刺激の顕著さは大きく変わる。大きな広告は小さな広告よりも注意を引きやすいし、大量に陳列された商品は小スペースに陳列された商品よりも目に付きやすい。

② 色： 色によって注意の引きやすさは異なる。目立つ派手な色や暖色は地味な色や寒色よりも注意を引きやすい。赤色は特に注意を引きやすく興奮を発生させるので、衝動買いの促進に向いているとされている。雑誌広告の調査によると、1ページにわたるモノクロ広告の注意へのインパクトを100とすると、2ページのモノクロ広告は117、1ページのカラー広告は145、2ページのカラー広告は179になるそうである（Hawkins et al., 2007: pp. 290-1）。

③ 位置と動き： 位置も注意に影響する。陳列は目線あたりの方が注意を引きやすい。ある調査によると、下方よりも上方の陳列棚にある商品の方が35％多く注意を引く（Assael, 2004: p.159）。紙面の大きい新聞では印刷広告は上方が良いということになる。陳列ではさらに、左側よりも右側にあった方が選ばれやすいという右側優位の法則が知られている。この法則の生起要因を検討した研究によれば、消費者は利き手で商品を手に取るため利き手側にある商品を選択する（中島他, 2009）。右利きの消費者が多いことを踏まえれば、同じ製品カテゴリーの中でできるだけ右側の陳列棚を確保することが望ましいということになる。雑誌広告では表紙近くで右側にあった方が注意を引きやすいという報告がある（Assael, 2004: p.159）。刺激に動きを取り入れることも有効である。動くパーツの付いた売り場のディスプレイやダイナミックなアニメーションを伴うバナー広告は注意を引きやすい（Hawkins et al., 2007: p.290）。

④ 孤立と対比： 刺激を周りから分離させる孤立も効果がある。例えば、大きなショーウィンドウの中心に商品を一つだけをポツンと置いたり、1ペ

ージ分の広告スペースの中心にシンプルな製品情報を小さく示したりするなど広い空間に小さな刺激を示すことである。ラジオやテレビではＣＭの前に音の全くない静寂な瞬間を入れると孤立をつくり出せる。また、刺激を周りと対照的にする対比も効果がある。例えば、テレビ広告はモノクロに、新聞広告はカラーにすると対比の効果が生まれる。

⑤　目新しさ：　予想外の刺激は注意を引きやすい。広告を消費者の予想や期待とは異なる場所に出すと目新しさが生まれる。ショッピングカート、長いトンネルの壁、駅のホームの床、競技場の床や椅子、トイレやエレベータのドア、エスカレータの手すりの下など消費者にとって身近で広告が行われていない場所はたくさんある。類似品と全く異なるパッケージにしたり、意外なベネフィットを訴求したりすることも含まれる。

⑥　フォーマット：　メッセージの示し方も重要である。文字ばかりの広告、複雑なメッセージを伴う広告、注目すべき箇所が不明な広告、動きが早すぎたり遅すぎたり場面が急に変化するような不自然な広告は注意を減少させる。

⑦　強度：　接触を促進することは注意の促進にもつながる。接触で示したような、強度の向上、提示時間の長時間化、提示の繰り返しなどは注意を向けさせる手段としても有効である。

(2)　個 人 要 因

注意は意図的な接触と同様に、個人の動機、ニーズ、関心、知識、経験の影響を受ける。自分の関心やニーズに合った刺激には注意が自然と向けられるし、知識の多い人は少ない人とは注意の向け方が違うであろう。また、感情や気分の影響も受ける。感情の生起状態が高いと注意の程度が強まるので量が増えるし、気分がポジティブな状態にあると刺激のポジティブな側面に注意を向けやすくなる（Peter & Olson, 2010: p. 109）。

注意を高めるには、消費者の刺激への関心を高める必要がある（Peter & Olson, 2010: pp. 110-2）。それにはもともと備わっている消費者の自己関連性を強めることにより、消費者と製品を結びつけることが効果的である。例えば、アメリカの発汗抑制剤メーカーは、嫌な臭いや汗を抑えるという社会的機能

のほかに、手をあげたときに汗染みが服の脇の下に付いていて恥をかくようなことはないといった状況を示すことで、社会的自信の強化や恥ずかしさの回避といった自己関連機能をアピールすることで自社製品への注意を高めている。また、一時的に消費者と製品を結びつけることで注意を喚起できる。例えば、賞金や豪華商品が当たるというキャッチコピーがついた広告は消費者に当たったときのことを想像させ興奮や自己関連性を生じさせるので、注意を高められる。

(3) 状況要因

状況要因は、個人の一時的な特性や注意を向けている刺激とは別の環境にある刺激である。個人の一時的な特性は、時間的なプレッシャーや環境の与える快適性などが該当する。忙しいときには広告にほとんど注意を向けないが、時間的に余裕があるときは注意を向ける。混雑している店、騒がしい店、暑すぎたり寒すぎたりする店などの不快な環境では不快な点に気を取られるので、刺激に注意を向けにくい。また、ＣＭが流されるテレビ番組や広告が掲載される印刷媒体への関心が、刺激への注意に影響を与えるという報告もある。この番組や印刷媒体が、当該刺激とは別の環境にある刺激である。テレビ番組や雑誌への関心が高くなるほど、広告の再生率や信頼性、広告製品の購買比率が高くなることが確認されており、広告への注意は高まることが示唆されている（Hawkins et al., 2007: p. 295）。

3）解釈（interpretation）

注意を向けた刺激に意味を割り当てることである。意味づけの仕方は、認知的解釈と感情的解釈の2タイプに分かれる（Hawkins et al., 2007: pp. 296-7）。

(1) **認知的解釈**（cognitive interpretation）

認知的解釈は思考を伴うもので、最も一般的なものはカテゴリー化（categorization）である。消費者はさまざまな情報を自分にとって意味のある何らかの基準で分類し（心理的カテゴリー）、カテゴリー構造のかたちで記憶に保持している。図3-2は自動車のカテゴリー構造の例を示している。2つの構造はかなり異なっていることがわかる。上はスピードや外見などの好みがカ

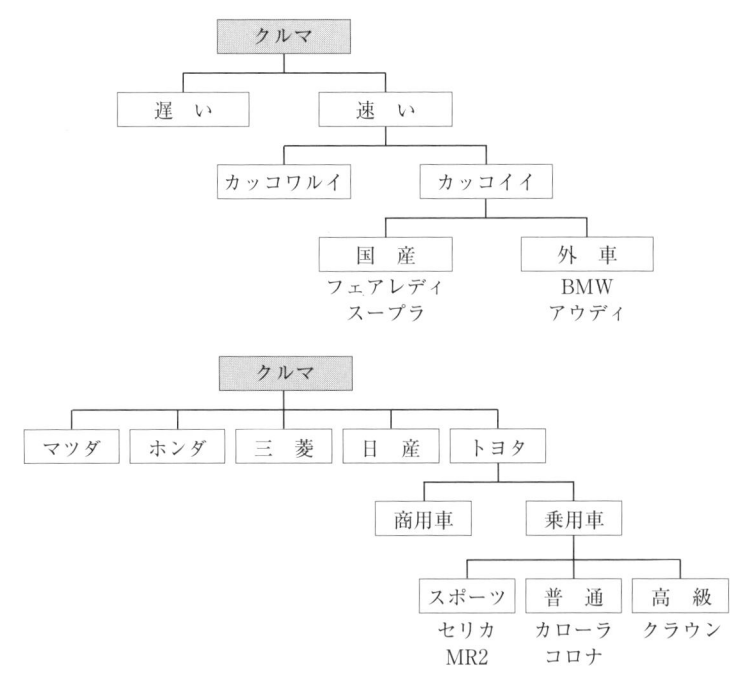

```
        ┌─────────┐
        │  クルマ  │
        └────┬────┘
       ┌────┴────┐
    ┌──┴─┐    ┌──┴─┐
    │遅い│    │速い│
    └────┘    └──┬─┘
            ┌────┴────┐
      ┌─────┴──┐  ┌───┴────┐
      │カッコワルイ│  │カッコイイ│
      └────────┘  └───┬────┘
                 ┌────┴────┐
              ┌──┴─┐    ┌──┴─┐
              │国 産│    │外 車│
              └────┘    └────┘
           フェアレディ    BMW
           スープラ       アウディ
```

```
                  ┌─────────┐
                  │  クルマ  │
                  └────┬────┘
     ┌──────┬──────┬──────┬──────┐
  ┌──┴──┐ ┌─┴──┐ ┌─┴──┐ ┌┴───┐ ┌┴───┐
  │マツダ│ │ホンダ│ │三菱 │ │日産│ │トヨタ│
  └─────┘ └────┘ └────┘ └────┘ └─┬──┘
                              ┌───┴───┐
                          ┌───┴──┐ ┌──┴──┐
                          │商用車│ │乗用車│
                          └──────┘ └──┬──┘
                              ┌───────┼───────┐
                           ┌──┴──┐ ┌─┴──┐ ┌──┴─┐
                           │スポーツ│ │普通│ │高級│
                           └─────┘ └────┘ └────┘
                           セリカ   カローラ クラウン
                           MR2     コロナ
```

図 3-2　自転車のカテゴリー構造の例

出所：清水（1999）。

テゴリーに含まれているが、下はメーカーや車種別になっており、市場の一般的定義に近い。カテゴリー化とは刺激をその特徴から特定の心理的カテゴリーの一つに当てはめることであり、解釈はそのカテゴリーの知識を使って行われる。このとき、そのカテゴリーに関連する感情も想起されることがある（Sujan, 1985: p. 31）。なぜカテゴリー化が行われるのかというと、解釈を迅速かつ効率的にできるようになるからである。したがって、解釈の結果は消費者がどのようなカテゴリー構造を持っており、どのカテゴリーに当てはめられたかによって異なることになる。カテゴリー化は見慣れた刺激に対しては低関与の状態で行われるので、解釈は自動的で浅く、精緻さも低くなる。

　カテゴリー構造は刺激への意味づけの結果、形成されてきたものである。意味づけには辞書にあるような一般的な意味に関連する意味づけ（semantic meaning）と自分の経験や期待、そのときの状況に基づいて行う心理的意味づけ（psychological meaning）がある。心理的意味づけでは、刺激に含まれる内容以上の知識や信念を生成させてしまう推論（inferences）が行われることがある（Peter & Olson, 2010: pp. 115-7）。ＣＭが頻繁にテレビで流されていることから、その製品を高品質であると推論してしまうことなどが例としてあげられる。採用される意味づけによってカテゴリー構造の内容は変わるので、非常に一般的なものから製品属性や好みをベースとしたものまでさまざまである。知識が少ないときには一般的かつ顕著な属性を基準としてカテゴリー構造が形成される。図 3-2 と違い、クルマというカテゴリーが一つだけあって、その中にすべてのクルマが入れられる単純な構造もありうる。しかし、最初は単純で大雑把なかたちをしていたカテゴリー構造も、関与が高まり知識が蓄積されると複数のカテゴリーへと分割され、次第に精緻化、複雑化し、主観も含まれていく。「自分とは無関係」とか「嫌い」といったカテゴリーもありうる。

　刺激が自分のカテゴリーにうまく当てはまらない場合には、既存のカテゴリーを更新したり新カテゴリーを創造したりしながらカテゴリー構造を修正していく。ただし、既存のカテゴリーに強い信念が含まれていると、カテゴリー構造を修正するのではなく、その信念に適合するように刺激を解釈することがある。これは選択的歪曲と呼ばれている（コトラー&アームストロング, 1999: 175 頁）。自社製品に対し、多くの消費者にネガティブな固定観念が形成されている企業は、それがどのような情報の歪曲を導くのかを把握する必要がある。

　また、今までにない新しい刺激の場合、カテゴリー構造が形成されておらず、該当するカテゴリーがないことがある。このときは、消費者の関心の高さにもよるが丁寧で精緻さの高い詳細型解釈（piecemeal process）が行われる。刺激に含まれるさまざまな要素を個々に解釈し、それらを統合させて最終的な解釈を行うので（Sujan, 1985: p. 31）、最初に接触し注意を向けた以外の刺激についても意図的に接触したり注意を向けたりする。詳細型解釈の結果、新しいカテゴリー構造が形成されるので、類似した刺激の解釈経験が蓄積され

るにつれて次第にカテゴリー化が行われるようになっていく。

(2) **感情的解釈**（affective interpretation）

いつも認知的解釈が行われるとは限らない。刺激から特別な感情や気分が生じる感情的解釈がある（Hawkins et al., 2007: p.297）。魅力的な人を見てドキっとしたり、人間や動物の赤ちゃんを見て心が温かくなったりするようなことが例としてあげられる。感情には、楽しさ、嬉しさなどのポジティブなものから、驚きなどの中立的なもの、そして怒り、恐れ、悲しさなどのネガティブなものまであり、多様である。

2　知覚の選択的性質

　知覚は極度に選択的である。人はすべての刺激に接触するわけではないし、接触した刺激のすべてに注意を向けることもないし、注意を向けたすべての刺激を解釈するわけでもない。接触の段階では、リモコンの普及によりテレビ番組の途中でCMになるとチャンネルを変えたり（ザッピング）、CMの間は消音にしたり（ミューティング）、録画した番組のCMを早送りしたり（ジッピング）するなど、消費者による積極的な広告への接触回避が起きている。この広告回避行動はラジオ、インターネット、新聞、雑誌などの媒体でもみられる。消費者に製品に関わる刺激と接触させるのはかなり難しくなってきている。たとえ接触に成功したとしても、注意を経て解釈に至るまでの過程の中で刺激の量はどんどん減っていくので、残された刺激は発信者からすると本質的ではないものになる可能性がある。

　また、人間は自分にとって望ましくて重要な刺激には開放的で、嫌悪感や不快感を生じさせる刺激には閉鎖的になることがある。これを知覚的防御（perceptual defense）という。タバコの好きな人はタバコが体に与える悪影響に関する情報にはできるだけ接触しないようにしたり接触しても無視したりするが、タバコに関するポジティブで興味ある情報には積極的に目や耳を向けるだろう。このように消費者は接触したり注意を向けたりする刺激や解釈

する刺激の多くを自分で決めている。

　今は情報過多の時代であり、消費者の周りはさまざまな情報で溢れている。消費者が、情報量が多すぎて負担に感じる状況を知覚的過重負担（perceptual overloading）というが、現代ではこれが多くの消費者に起きている。一般に情報による負荷がかかった状態になると、人間は意思決定を後に回すか諦める、あるいは適当に解釈するといった反応をする。企業が消費者に対していくら製品情報を発信したとしても、消費者が企業の意図したとおりに受け取ってくれるとは限らないのである。コストに見合った効果を消費者から引き出すためには、消費者の知覚をよく理解した上で、コミュニケーション戦略を練らねばならない。情報発信にさらなる工夫が必要となっている。

3　精神物理法則

　知覚と関連する精神物理学（psychophisics）の法則を紹介しよう（重野, 1994: 4-5頁, 50-1頁; 八木, 1997: 37-40頁）。精神物理学は心理学の分野で、物理的環境が主観的な世界とどのように統合されるのかに焦点を当て、刺激の物理的な量とそれに対する人間の感覚の大きさの間の数量的関係を研究する学問である。提唱したのはフェヒナー（G. T. Fechner）で、生理学者であるウェーバー（E. H. Weber）が発見した法則を前提にしてフェヒナー法則（Fechner's law）を見出した。刺激は変化したとしても、その変化量が小さいと気がつかないことがある。ある刺激と程度の異なる別の刺激を比べたときに、その違いを弁別できる最小の値、あるいは刺激が変化したことに気づく最小の量を丁度可知差異（just noticeable difference：JND）という。ウェーバー法則（Weber's law）は丁度可知差異が元の刺激の強度と関係しており、元の刺激が強ければ強いほど大きくなるという関係を説明する。次の式で表される。

　　　$k = \Delta i / I$

　ただし、kはウェーバー比と呼ばれる定数で、感覚の種類によって変わる。Δiは丁度可知差異、Iはもとの刺激の強度である。例えば10グラムを15

グラムにしたときの5グラムの違いを丁度可知差異とすると、ウェーバー比は 5／10 = 0.5 となる。この5グラムの違いは、100グラムを 105 グラムにしたときには、ウェーバー比が 5／100 = 0.05 となるのでほとんど感じられない。しかし、100 グラムを 150 グラムにすると、ウェーバー比は 50／100 = 0.5 となり、10 グラムを 15 グラムにしたときと同じように感じられるのである。つまり変化が感じられる量はもとの刺激が 10 グラムのときは5グラムだが、100 グラムのときには 50 グラムということになる。

フェヒナー法則は丁度可知差異を感覚の基本単位とし、ウェーバー比 k を変換して感覚の大きさ（感覚量）が刺激の強度と対数的関係にあることを示したもので、次の式で表される。

$E = k \log I$

ただし、E は感覚の大きさ、k は定数である。刺激の強度と感覚の大きさの間には、刺激が強くなるほど感覚が大きくなるという単調な比例関係ではなく、刺激が強くなるほど感覚は大きくなるものの、その変化量は逓減していくという関係があることを説明している。

ウェーバー法則はもとの刺激が極度に大きい場合や小さい場合には成立しないことがわかっており、ウェーバー法則を前提としているフェヒナー法則にも同様の問題が残されている。そのため、多くの研究者によって改良が試みられており、中でも次の式に表されるスティーヴンスのベキ法則がよく知られている。

$E = k I^n$

ベキ数 n は感覚の種類によって異なり、例えば、音の強さは両耳では 0.6、片耳では 0.54、コーヒーの匂いは 0.55、蔗糖の味は 1.3 などが報告されている（市川, 1991：155-6頁）。

ウェーバー法則とフェヒナー法則はいずれも 19 世紀に提唱されたが、現在でも消費者の反応を理解するのに有用である。例えばウェーバー法則によれば、新機能を既存製品につけて改良する場合、その違いは品質の優れた製品よりも劣る製品に付与された方が消費者に認識されやすいということになる。また、フェヒナー法則によれば、品質の向上はある程度までは消費者の

注意を引くことができても、高くなりすぎるとその効果は弱まっていくということになる。

4　知覚マップ（perceptual maps）

　さまざまな製品やブランドが消費者の頭の中でどのように位置づけられているのかを視覚的に把握する方法として知覚マップがある。プロダクト・マップとも呼ばれている。知覚マップは、一般的には2つの軸を使って4つの象限をつくり、この空間に製品を配置する。軸は主観的な製品属性やブランド・イメージであり、さまざまな製品の類似度をこれらの製品属性と関連づける。近くに位置づけられる製品はその属性において類似度が高く、離れた

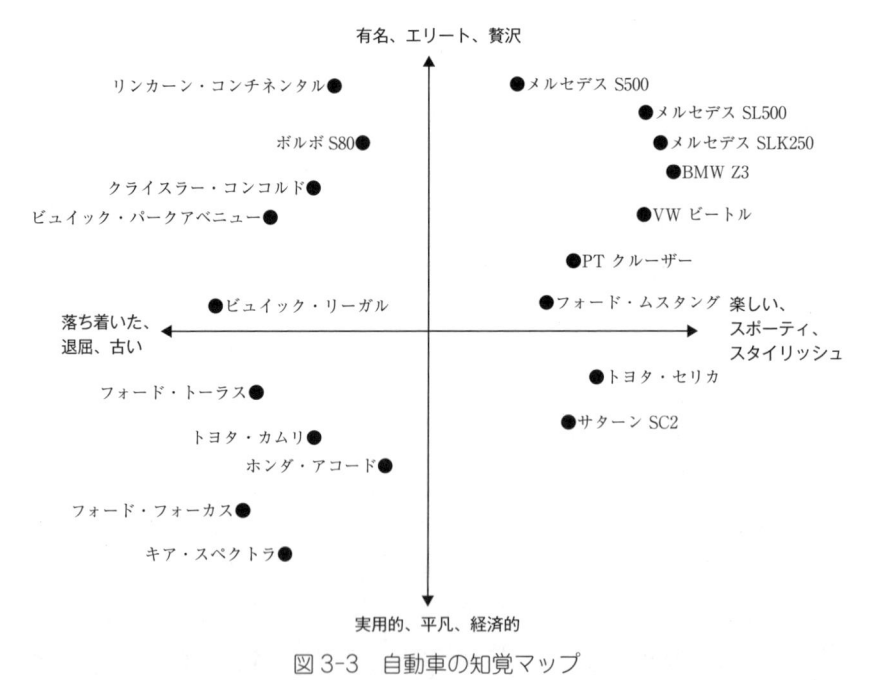

有名、エリート、贅沢

リンカーン・コンチネンタル●　　　　　　●メルセデス S500
　　　　　　　　　　　　　　　　　　　　　　　●メルセデス SL500
　　　　　　　ボルボ S80●　　　　　　　　　●メルセデス SLK250
　　　　　　　　　　　　　　　　　　　　　　●BMW Z3
　　　クライスラー・コンコルド●
ビュイック・パークアベニュー●　　　　　●VW ビートル
　　　　　　　　　　　　　　　　　　　●PT クルーザー
　　　　　●ビュイック・リーガル　　　●フォード・ムスタング　　楽しい、
落ち着いた、　　　　　　　　　　　　　　　　　　　　　　　　スポーティ、
退屈、古い　　　　　　　　　　　　　　　　　　　　　　　　　スタイリッシュ
　　　　　　　フォード・トーラス●　　　●トヨタ・セリカ
　　　　　　　　トヨタ・カムリ●
　　　　　　　　　ホンダ・アコード●　　●サターン SC2
　　　　　フォード・フォーカス●
　　　　　　　　キア・スペクトラ●

実用的、平凡、経済的

図3-3　自動車の知覚マップ

出所：Hawkins et al.（2007）p. 349, Figure 9-10.

位置にある製品は低いということになる。製品属性はいろいろあっても消費者が自分の購買意思決定において実際に用いる属性は少数に限定されるので、2つの軸による製品配置は消費者のイメージをうまく反映させた現実的なものであるといえる。図3-3は自動車の知覚マップの例である。この例では複数のブランド・イメージで軸を表現している。知覚マップは企業が考えている市場における製品のポジショニングと異なっている可能性もあり、消費者から見た製品の競合関係を把握したりニッチとなるポジションを探ったりするのに有用である。

5　知覚リスク（perceived risks）

　製品を消費することにより、好ましくない結果や問題が発生するかもしれないという考えや信念を知覚リスクという。それらの考えや信念がどの程度嫌なのかといった感情も含まれる。同じ購買状況に置かれていても、消費者や製品によって感じる知覚リスクの種類や程度は異なる。知覚リスクは5タイプある。ソロモンやアサエルはそれぞれのリスクに最も敏感な消費者のタイプやそれが起こりやすい製品タイプを示しているので、以下ではそれらも合わせて示すことにする（Solomon, 2006: p.316; Assael, 2004: p.173）。

　①　機能的リスク：　製品が期待したように機能しないのではないか、役に立たないのではないか、自分のニーズと一致しないのではないかといった不安である。実利を重んじる人や自尊心と関連するニーズを持っている人がこのリスクに最も敏感で、購買や使用に対する消費者の関心が高い製品や技術的に複雑な製品に生じやすい。

　②　金銭的リスク：　故障したとしても保証対象とならないのではないか、購入の翌日には値引きされるのではないか、高価な旅行が悪天候で台無しになるのではないか、といった金銭や資産の損失を被ることへの不安である。このリスクは自分の可処分所得に対して製品価格がどのくらいなのかという割合で決まり、出費への痛みが強い低所得者が最も敏感になる。高価格品と

最も関係する。

　③　身体的リスク：　車を運転していて事故に遭うのではないか、飛行機が落ちるのではないか、ヘアードライヤーを使用していて感電するのではないか、薬に副作用があるのではないかといった病気や怪我、身体への悪影響に対する不安である。高齢者、虚弱な人、および病気がちの人がこのリスクに最も敏感で、乗り物、電気製品、機械、薬、治療、食品などと関係する。

　④　社会的リスク：　購入した製品が周りの人、自分の所属する集団、準拠集団などから受容されないことへの不安である。自尊心や自信の弱い人が最も敏感で、服、宝石、自動車、家、スポーツ用具などの顕示的な製品や化粧品、香水、マウスウォッシュなど自分への自信を強めることにつながる製品に生じやすい。

　⑤　心理的リスク：　購入した製品が使いこなせないなど製品の使用に何らかの失敗が生じることにより、屈辱や不満を経験したり自尊心が傷いたりすることへの不安である。同僚や仲間など同等の地位にある人に対し、自尊心や自信が欠乏している人がこのリスクに最も敏感で、罪悪感を生じさせる高価な贅沢品、耐久品、かなりの時間や労力を要するサービスなどに生じやすい。

　最近では、インターネットの普及により、自分のクレジットカードや銀行口座の情報が漏洩するのではないか、自分のネットサーフィング行動が他人に見られるのではないか、目に見えない取引相手を信用できるのか、といった新しいリスクが生まれている。

　知覚リスクは、そのリスクが発生する可能性が高いと感じ、かつ実際にリスクが発生したときに生じる結果への嫌悪感が強いほど強くなる（Peter & Olson, 2010: pp. 73-4）。知覚リスクが発生したときに消費者はどのような反応を示すのだろうか。反応は3タイプに分類される（Assael, 2004: p. 174；神山, 1997: 210-1頁）。

　①　より広範に情報収集する：　知覚リスクを低減できる直接的な方法は情報収集を行い、より良い製品を選択することである。自分で専門誌を読んで知識を高めたり買い回ったりするなど時間や労力をかける情報収集もある

が、試供品を使ってみる、インターネットや友人の口コミを参考にするといった簡単な情報収集もある。

② 安心できるものを選択する： 最も手っ取り早い方法はできるだけ安心できるものを選択することである。過去に購入したことがあり特に不満のないブランドを選択することは、知覚リスクを確実に減らすことができる。また、有名人や専門家が推奨する製品や有名ブランドを選択する、有名店や返品可能な店で購入するといった方法もある。さらに、失敗したときの後悔が少ない低価格品や品質の良さそうな高価格品を選択する、あるいは少量を購入してみるといったロスを最小化する方法もある。

③ 知覚ベネフィットを期待する： 知覚リスクを相殺するような魅力的なベネフィットを製品に期待することもよく行われる。関心が高く取得意欲の高い製品で行われることが多い。もちろん、期待されるベネフィットが知覚リスクを上回らなければ購買は回避されることになる。タバコやアルコールなどの嗜好品は、健康への悪影響が頻繁に指摘されているにもかかわらず依然として多くの愛好家がいることを考えると、消費者にベネフィットを過大評価させてしまう製品といえる。

　知覚リスクは特に消費者にとって重要な製品や製品知識の少ない製品の購買意思決定で発生しやすい。不確実性が高くなると知覚リスクも高くなるのである。知覚リスクは購買の障壁となるので、企業は自社製品に対して消費者がどのような知覚リスクをどの程度の強さで持ちやすい傾向にあるのかを理解し、それらを低減させる努力が必要となる。

6　価格の知覚

1）価格の知覚のメカニズム

　重要な消費者の知覚の一つに価格の知覚がある。価格の知覚とは、製品の販売価格に対して感じる「高い」とか「安い」といった評価を指す。価格の知覚は、消費者自身が参照する心理的な価格、すなわち内的参照価格（internal reference price) を基準として販売価格を相対的に評価することによって生じる (Winer, 1986: p.251)。販売価格が自分の内的参照価格よりも高いときに割高感が、逆に低いときに割安感が、両者がほぼ等しいときに「妥当、適正」といった中立的な評価が生じるのである。つまり、内的参照価格が高ければ高いほど割安感が生じやすく、低ければ低いほど割高感が生じやすいということになる。同じ価格に対する反応が人によって異なるのは、内的参照価格の水準が人によって異なるからである。ただし、3節で説明した丁度可知差異は価格の知覚にも存在するので、これを超える違いでなければ割安感も割高感も生じない。

　内的参照価格は、価格を観察するたびにその価格に対する知覚が行われ、それが記憶を更新するという情報処理過程を通して形成される。したがって内的参照価格は、高い価格ばかりを観察してきた人にとっては高く、低い価格ばかりを観察してきた人にとっては低くなる。所得水準によって消費者の価格感度が違うのは当然といえる。

　また、内的参照価格は一定ではない。初めは割安感や割高感を生じた価格も何度も観察するとそのように感じなくなる。同じ価格を何度か目にするにしたがい、内的参照価格がそれらに合わせて変化するからである。つまり、消費者は低価格にも高価格にも慣れるのである。これは低価格戦略を打ち出している企業にとっては深刻な問題である。なぜなら、企業が低価格を提供しても、それが長い間割安に感じられることはないので、価格を下げ続けない限り、消費者の低価格への満足を維持することはできないからである。低価格で消費者を惹きつける戦略が企業にとって自社の首を絞め、自社を弱体化させるものであることは明瞭であろう。

　ただし、消費者は自分の価格の知覚を必ずしも確信しているとは限らない。知識が少ないときには自分の価格の知覚に自信が持てず、それに基づいて購買意思決定をすることを不十分に感じる。この場合、他のブランドの価格情報が入手しやすい環境にあれば、それらとの比較が行われる。このとき、比較の対象となる他ブランドの価格は外的参照価格 (external reference price) と呼ばれる (Mayhew & Winer, 1992: p.63)。店内にいるのであれば外的参照価格

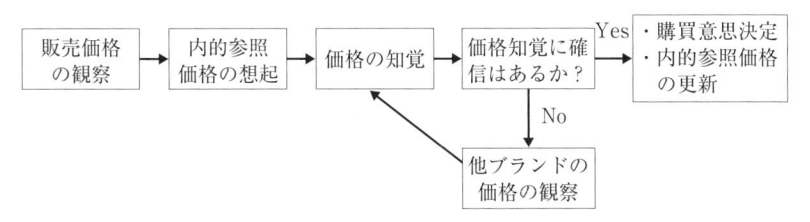

図 3-4　価格判断の過程

は近くにたくさんあるので、その利用傾向は高まる。図3-4は価格知覚の過程を示したものである。価格の知覚が外的参照価格も用いて行われる場合、単純な価格比較だけでなく、それらの製品の品質など価格以外の属性についての評価も合わせて行われることが多い。この場合、価格知覚は一層複雑になるので、一時的に中断し時間をおいてから再び行う、一部の情報のみに注目し後は無視する、あるいは購買を中止するといったことが起きてくる。価格情報だけでなく、消費者にわかりやすい品質情報の提示も価格に対する納得感を高めるためにも有効となる。

2）状況の影響

　内的参照価格は購買意思決定の状況によっても異なる。
(1) 内的参照価格の形成レベルが異なる
　内的参照価格は製品カテゴリー、サブカテゴリー、および個別ブランドのどのレベルで形成されるのかによって異なる。例えば、腕時計の内的参照価格をカテゴリーの平均的な価格とした場合と、ロレックスという高級ブランドの価格とした場合とでは大きく異なってくるだろう。
(2) 異なる製品カテゴリーの内的参照価格を用いる
　内的参照価格が全く別の製品カテゴリーとなることがある。例えば、日常生活に使う自動車の購買を検討するときに、その価格をバイクや自転車などの代替的なカテゴリーの内的参照価格と比較することがある。これは、特定の目的に合った製品カテゴリーが複数あり、どの製品カテゴリーを購入するかが決まっていないときに生じやすい。製品知識にも依存する。製品知識が

少ない製品の購買では、関連する製品カテゴリーの内的参照価格を用いることがある。例えば、ゴルフのバッグの内的参照価格を同じブランドのゴルフ・クラブの価格をベースにして形成することがあげられる。

(3) **購入や消費の状況が異なる**

全く同じブランドでもデパートとディスカウント店では内的参照価格が異なることがある。コーヒー1杯の内的参照価格が高級ホテルとファストフード店で同じという人はあまりいないだろう。これは内的参照価格が店のイメージの影響を受けるからである。高級品を扱う店はそれに合った雰囲気を醸し出さなければ内的参照価格は高くならず高価格は受容されにくいし、低価格を訴求してきた店は低価格イメージの定着により内的参照価格が低くなっているので、高価格品を扱ったとしても、その受容は容易ではないことになる。内的参照価格は購入や消費のシーンによっても異なる。例えば、日常生活では外食を高いと感じている人が、旅行先では高いと感じないことがある。これは、外食が日常生活と旅行では全く異なるイベントとして捉えられているからである。

3) セールス・プロモーションの影響

割安感は内的参照価格が高くなるほど強くなるので、企業からすると消費者の内的参照価格はできるだけ高い水準にあることが望ましいことになる。企業は消費者を惹きつけ、短期的に売り上げを上昇させるためにさまざまなプロモーションを行っているが、それにより内的参照価格を下げてしまうようなことがあれば、長期的には逆効果となる危険性がある。消費者行動研究では、実験室実験*を通して価格プロモーションによる内的参照価格への影響を分析した研究が多く行われており、内的参照価格が低下するかどうかはプロモーションのタイプによることが示されている。代表的な研究を紹介すると、まず実施回数を1回に限定した研究では、値引き、増量、おまけの比較では値引きのみが内的参照価格を低下させること (Diamond & Campbell, 1989)、値引き、クーポン、およびキャッシュバックの比較では値引きとクーポンが内的参照価格を低下させること (Folkes & Wheat, 1995)、クーポンに

通常価格の表示がある場合は値引き額の影響はないが、表示がない場合には値引き額が大きくなるほど低下すること (Raghubir, 1998) が明らかにされている。続いて、複数期間にわたって設定する値引きに着目し、値引き幅や頻度の違いを分析した研究では、値引き幅と内的参照価格の関係は凹型であるのに対し、値引き頻度との関係はＳ字型であること (Kalwani & Yim, 1992)、値引き幅を１種類のみで実施するパターン、差が小さい２種類の値引き幅をミックスして実施するパターン、差が大きい２種類の値引き幅をミックスして実施するパターンの比較では、値引き幅を１種類で実施するパターンが内的参照価格を最も下げ、複数の値引き幅を使用した場合には小さい値引き幅の影響が大きくなること (Krishna & Johar, 1996)、小幅の値引きを高頻度で実施するパターン、大幅の値引きを低頻度で実施するパターン、小幅と大幅の値引きをミックスして中頻度で実施するパターンの比較では、小幅の値引きを高頻度で実施するパターンが内的参照価格を最も下げるのに対し、大幅の値引きを低頻度で実施するパターンは最も下げないことから、値引き幅よりも頻度の方が影響は大きいこと (Shirai, 2003) が明らかにされている。

　これらの研究結果から次のことがいえる。キャッシュバックのように通常価格で支払った後に特典を受けるといった購入時と特典の受領時を分離させる方法は価格プロモーションであっても内的参照価格を下げないで済む。また、クーポンに値引きの額や比率のほかに通常価格も表示することで、内的参照価格を通常価格に留めておくことができる。値引きを繰り返し実施する場合には、消費者に次の値引きを予想させやすい単純なパターンを避ければ内的参照価格を下げにくくなる。例えば、値引きを不規則に行う、値引きに特別な理由をつける、めったに行われないような大きな値引きを一時期だけに限定して行うといったことは、消費者にそれらの値引きを特別のイベントと認識させるので、内的参照価格を変化させない可能性が高い。一番怖いのは消費者が値引きに慣れ、値引き価格を通常価格とみなしてしまうことである。こうなると割安感が弱まるだけでなく、値引きから得られる嬉しさや興奮までも小さくなってしまうのである。

|用語解説|
情報処理：情報処理という言葉が使われるのは、人間を、入力データを処理し、その結果を出力するコンピュータと同じ情報処理装置として捉えているためである。
実験室実験：実験とは分析対象とする特定の要因にいくつかの水準を設定し、これらの水準間での消費者の反応の違いを測定することでその要因の効果を検証する方法である。他の要因の影響を制御できるというメリットがある。実験には、小売店など現実の環境で行われるフィールド実験と、仮想的状況を文章で示したり仮想店舗をつくったりし、消費者に実際の状況であると仮定して反応してもらう実験室実験がある。前者は実施が容易ではなく、後者を用いることが多い。

トピック：消費者の知覚と感性工学

触覚（haptic sense）に基づいた知覚には着心地、履き心地、座り心地、寝心地、触り心地、乗り心地などさまざまなものがあり、多くの購買意思決定において強いインパクトを与えている。近年、触覚の消費者行動における重要な役割を調べる研究が始まっているという。ある研究によれば、触覚は消費者の判断に対する確信に影響を与える。製品に直接触れることで、先に生じた自分の知覚に自信が持てるのである。また、この傾向は接触へのニーズ（Need for Touch）が高い消費者、例えば店内を歩いているとあらゆる製品に触らずにはいられない、製品に触れることは楽しい、物理的に調べた後に製品を購入した方が安心できるといった傾向の高い消費者に顕著にみられることも確認されている。イギリスにある Asda というスーパーでは、トイレットペーパーのいくつかのブランドを袋から出して、買い物客が触ったり比較したりできるようにしたところ、自店のストア・ブランドの売上げを50％伸ばすことに成功している。ストア・ブランドには通常、相対的に低い価格が設定されているが、それゆえに生じる低品質への不安が、直接商品に触れることで払拭されたと思われる。

このアイデアをさらに一歩進めた学問に感性工学（Kansei engineering）がある。それは、人間がある対象について心の中に抱く感性（フィーリングやイメージ）を具体的なかたちで物理的デザインとして表現するための翻訳システムと定義される。広島国際大学名誉教授の長町三生氏が提唱した日本発祥の学

問で、「感性」はそのまま英文名として使われている。もともと情緒工学と呼ばれていたが、当時マツダの社長であった山本健一氏が1986年にミシガン大学で行った講演の中で情緒工学の代わりに感性工学という言葉を使ったことがきっかけで、本人の了承を受けた上でこの言葉を使うようになったそうである。感性は五感に基づく消費者の解釈の結果であり、知覚の一部と捉えることができる。ブランド間の品質差異が小さくなり消費者の製品関与も低くなっている現在では、こうした感覚的要素による製品の差別化と消費者満足の向上が重視されるようになっている。

　感性工学は海外でも高く評価されており、米国の消費者行動テキストにもいくつか事例が紹介されている。例えば、マツダのMiataは、自動車を自分の体の延長で馬と乗り手が一つになった感覚と捉える若者のドライバーをターゲットとし、変速レバーの長さを9.5cmにすると、最適なかっこよさとコントロールのフィーリングを伝えられることを発見している。類似の考えは自分の背が少し高くなったような感じが得られるようデザインされたクライスラー300Cにも適用されている。座席に座ったときのドライバーのお尻の位置をHポイントと呼び、このHポイントを高くしている。こうした変更はSUV、小型トラック、ミニバンでも人気となっている。フォードはこのような座席を、自分の周りを走るすべての小型自動車を見下ろすことでき、ドライバーがパワーのフィーリングを強化できるとして「コマンド・シーティング」と呼んでいるそうである。

出所：Solomon（2006）pp.57-59; 広島国際大学感性デザイン学科ホームページ　http://www.hirokoku.jp/uk/intro/eng.htm

第4章
消費者の知識と記憶

> ★章のねらい★
> 　本章では、消費者の認知的な情報処理を規定する知識についての理解を深めることを目的とする。まず、消費者のもつ知識のはたらきを捉えるために、消費者の知識と情報処理能力との関係について説明する。次に、知識が記憶されるプロセスを記憶の二重貯蔵モデルから捉え、情報処理作業の行われる作業記憶のはたらきと長期記憶の仕組みを説明する。また、消費者の認知構造の発達について、認知要素に基づくネットワーク構造と認知的学習のプロセスを詳解する。さらに、対象それ自体に基づく認知構造として、カテゴリーの構造について説明する。最後に、消費者の情報処理能力を規定する専門知識力の規定次元とそれらの役割について解説する。

1　消費者の知識と情報処理能力

　課題1：SKYJALANAAUSOFTBANKDOCOMONHKTBSABC
　課題2：SKY JAL ANA AU SOFTBANK DOCOMO NHK TBS ABC
　課題3：SKY JAL ANA　AU SOFTBANK DOCOMO　NHK TBS ABC

1）マジカルナンバー7±2

　消費者が瞬時に記憶できる情報の処理量は、5〜9程度であると考えられている。上記のような課題を考えてみよう。課題1のようなアルファベットの文字列を一瞬だけ消費者に露出して、どれだけの文字数を記憶しているか

を調べてみると、結果は最初の5～9文字程度の記憶にとどまるようである。これが「マジカルナンバー7±2」の意味するものである。次に、課題1と同じアルファベットの文字列を使用するが、文字間に1つ空白を入れて、アルファベット間にある意味をもたせた課題2を露出すると、今度はどうなるであろうか。おそらく、一般的な日本の消費者であれば、これが瞬時に露出されただけでも、かなりのアルファベットの文字を記憶できるだろう。さらに、課題2をもう少し加工して、空白で区切られた3つずつをひと塊とするように、追加的に空白を設けた課題3を露出するとどうであろうか。きっとかなりの余裕をもって、これらのアルファベットの文字列を記憶できるだろう。このことは、いったい何を意味しているのだろうか。

「マジカルナンバー7±2」が意味しているのは、情報処理量の程度である。ここで重要なのが、その処理される量の単位となる具体的な情報の内容である。いったい何を処理しているかである。課題1において処理される単位は、「S」「K」「Y」というアルファベットの1文字である。一般に、処理される単位はチャンク（chunk）と呼ばれ、当該課題で捉えられる一つの情報の塊を意味するものである。課題2は、文字間に空白を一つ設けて、文字間の関係からある意味がもたらされるように仕組まれている。「SKY」「AU」「NHK」は、それぞれ企業や事業体のブランド名やそのロゴを意味するものである。アルファベットの1文字が複数結びつき、ある意味を消費者にもたらすことになる。この意味を理解できる、すなわち、この意味に関する知識を利用できる消費者にとっては、この塊一つが処理されるチャンクとしてはたらくのである。課題3では、課題2のブランド名やロゴがさらに複数結びついて、「航空」「携帯電話」「放送」という一つの市場を意味するものになる。ここでは、市場という概念がチャンクとしてはたらき、それぞれの中で相対的に位置づけられる企業やブランドに対する枠組みを規定していると考えられる。

2）知識のはたらき

消費者は、あるチャンクを別のチャンクにまとめて関連づけるチャンキン

グ (chunking) によって処理負荷を軽減させ、処理能力を向上させることができる。課題2、課題3に進むにつれて、記憶にとどめることに余裕が出てくるのは、このチャンキングによるものである。一般に、消費者は限られた情報処理能力しか持たないと考えられているが、このように適切に知識を利用することによって、その処理能力の限界を克服することができるのである。

また消費者は、このように当該課題に応じて適切に知識をはたらかせながら、ある意味を見出すように情報処理を行っている。アルファベット1文字、ブランド名、市場など、消費者にとってはすべてが知識であり、課題に応じてこれらの知識が発動されるのである。消費者の持つ知識は、課題1のように個々の情報を一つずつ捉えるようにはたらく場合もあれば、課題2や課題3のように、あるまとまりをもって捉えるようにはたらくこともある。前者の場合、一つずつの情報を丹念に積み上げるという意味で、ボトムアップ型の情報処理といわれている。これに対して後者の場合、すでにある意味をもつ概念や枠組みを適切に当てはめて情報を捉えようとすることから、トップダウン型の情報処理といわれている。「へのへのもへじ」で知られる「人の顔」は、1文字ずつを処理すると単なる平仮名の集まりであるが、これらの1文字ずつが適切に意味をもって配置されると、あたかも「人の顔」のようにみなすことができる。それぞれの平仮名が、眉、目、鼻、輪郭という概念 (concept) の役割を果たし、全体として「人の顔」というスキーマ (schema) を発動させるのである。消費者は、このような概念やスキーマと呼ばれる既存の知識を適切に発動させながら、当該課題を適切に処理しているのである。

2 記憶のプロセス

1）記憶の二重貯蔵モデル

消費者のもつ知識を理解するためには、消費者が知識を記憶していく仕組みである記憶システムの構造と記憶のプロセスについて把握しておかなければならない。図4-1は、消費者の記憶プロセスを概念的に示した「記憶の二

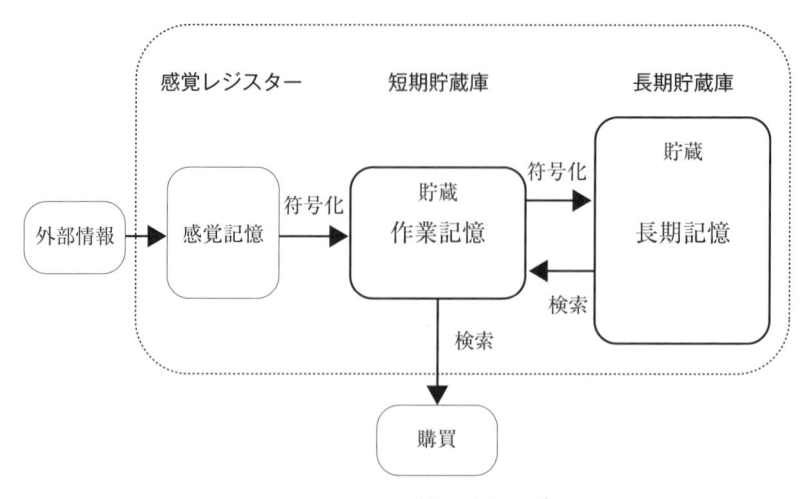

図4-1 記憶の貯蔵モデル

重貯蔵モデル (dual storage model)」である。破線の内部に位置づけられているのが、消費者の頭の中に仮定される記憶に関する概念構成体である。このモデルは、「短期貯蔵庫」における一時的な「作業記憶 (working memory)」と、「長期貯蔵庫」にある永続的な「長期記憶 (long-term memory)」という2つの記憶を中心にしたシステム構造として記憶を捉える点にその特徴がある (図4-1)。

消費者の外部から入力された外部情報は、まず感覚レジスターに入力され、「感覚記憶 (sensory memory)」としてきわめて短時間だけ保持される。感覚記憶とは、五感 (視覚・聴覚・触覚・味覚・嗅覚) として一般に知られる感覚器官を経た後に、瞬間的に貯蔵される記憶である。そして、これらのうち注意が向けられた情報、あるいは何らかの意味が見出された情報のみが短期貯蔵庫に転送され、そこで作業記憶として保持される。さらに、一時的に保持されながら適切に処理がなされた情報は、長期貯蔵庫に転送され、長期記憶として半永久的に貯蔵されるのである。

これまでの伝統的な記憶研究では、記憶のプロセスは、記銘、保持、想起という3つの段階から構成されると考えられてきた。消費者を一つの情報処

理システムとして捉える消費者情報処理研究では、この記憶のプロセスを符号化（encoding）、貯蔵（storage）、検索（retrieval）という情報処理プロセスとして捉える。図4-1においては、外部情報が感覚記憶を経て作業記憶に転送されるプロセスと、作業記憶から長期記憶に転送される際のプロセスを符号化、短期貯蔵庫と長期貯蔵庫に情報が経時的に保持されている状態を貯蔵、長期記憶や作業記憶から情報を適宜引き出すことを検索と呼んでいる。

　符号化とは、入力した外部情報を内部情報としての記憶表象に確立することである。ここでいう記憶表象とは、意識上に現れる外部情報に対する記憶像のことである。消費者はこの記憶像において世界を知ることになる。この記憶像の一つひとつが消費者の世界を構成する要素としてはたらく。一般に認知要素（cognitive element）と呼ばれるものである。貯蔵とは、これらの記憶表象を経時的に保持することである。検索とは、状況や課題に応じて、特定の記憶表象を適切に探し出すことである。こうした情報処理は、短期貯蔵庫と長期貯蔵庫の両貯蔵庫でそれぞれ行われる。

　作業記憶は、かつて短期記憶と呼ばれていたが、これは貯蔵のみの機能を強調するものであり、現在では先導的に情報処理作業を推進し、その制御に関わる役割を果たすと認識されていることから、作業記憶ないしは作動記憶と呼ばれている。作業記憶への符号化は、「選択的注意（selective attention）」とも呼ばれ、感覚レジスターから短期貯蔵庫に転送する情報を選別するフィルターの役割を果たしている。作業記憶における貯蔵には、その瞬間的な性格のために2つの特徴的な活動が存在する。一つは、「リハーサル（rehearsal）」である。このリハーサルには、反復や復唱として行われる情報の保持と活性化に関わる「維持リハーサル（maintenance rehearsal）」と、情報の意味やイメージを精緻化させるために行われる「精緻化リハーサル（elaborative rehearsal）」がある。これらのリハーサルの長さや回数、その精緻化度合いに応じて、その情報は長期貯蔵庫へと転送される。他の一つは、「チャンキング（chunking）」であり、冒頭で示した課題のように短期貯蔵庫の限られた容量を克服するはたらきを持つ。作業記憶からの検索は、すでに作業記憶として活性化されている情報が、反応として出現するものである。

2）長期記憶の分類

　長期記憶とは、長期貯蔵庫に大量に貯蔵されている意味的関連性を持つ内部情報と考えられている。長期記憶は自分の過去経験に関する想起意識に基づいて、潜在記憶（implicit memory）と顕在記憶（explicit memory）に分類される。潜在記憶とは、自分の過去経験を思い出すという意識を伴わない記憶である。顕在記憶とは、自分の過去経験を思い出すという意識を伴った記憶である。「コカ・コーラとペプシコーラでは、どちらが好きですか」と問いかけられたときに、「コカ・コーラ」という答えを返したとする。このときに、意識を伴わずにはたらいたのが潜在記憶である。これに対して、「今日のランチで飲んだコーラを思い出して下さい」と問われて答えたものが顕在記憶である（図4-2）。

　複数記憶システム論によると長期記憶は、図4-2が示すように4つの記憶システムからなると考えられている。これらのうち、エピソード記憶は顕在記憶であり、その他は潜在記憶と考えられている。潜在記憶は、記憶全体の基礎的な土台としてはたらいているのである（Tulving, 1991；太田, 1995）。

　エピソード記憶とは、消費者の体験に基づき、「いつ」「どこで」という時間的・空間的に定位された出来事に関する記憶である。個人的な経験や深い

複数記憶システム論

エピソード記憶	─ 顕在記憶
意味記憶	
知覚表象システム	─ 潜在記憶
手続記憶	

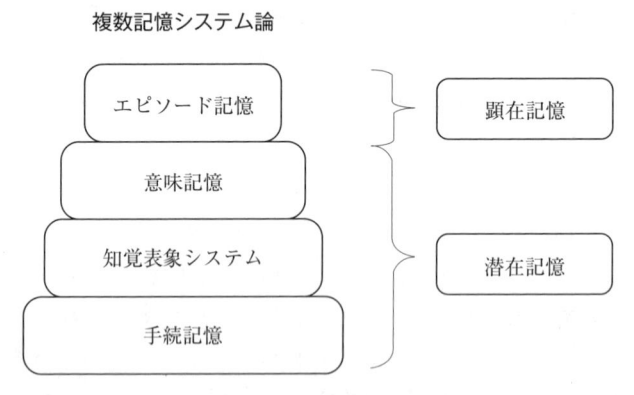

図4-2　長期記憶の分類
出所：Tulving（1991）；太田（1994）より修正。

感情をも含む自伝的記憶（autobiographical memory）でもある。意味記憶とは、「サントリーがマーケティングしている伊右衛門」というように、世の中について消費者が知っている一般的な知識となるものである。知覚表象システムとは、感覚や知覚のレベルで対象を同定する際にはたらく記憶であり、意味的な処理が行われる前の段階ではたらく記憶である。ブランドのロゴマークやパッケージデザインから、そのブランドが特定できる際にはたらいている知識である。手続的記憶とは「そばの打ち方」といった、必ずしも言語記述だけでは表現しきれない難しい手続きやその方法についての記憶である。

長期記憶への符号化とは、作業記憶上において作動する精緻化リハーサルやチャンキングにより生み出されていく認知要素間の新たな連合（association）に関わるものである。認知要素と認知要素を結びつける情報処理作業を精緻化と呼ぶ。要するに、記憶のプロセスにおいて知識を関連づけさせていくことである。例えば、「アップル」という情報を長期記憶へ符号化する際には、「果物」の一種として関連づけるのと同時に、情報端末を製造する「企業」としても関連づけることができる。「アップルは果物」「アップルは企業」という具合に認知要素間に連合が形成され、長期記憶に符号化されるのである。

長期記憶における貯蔵では、個々の認知要素が互いに関連し合いながら、全体としてあるまとまりを持つ認知構造が形成されていると考えられている。長期記憶からの検索とは、長期記憶においてある特定の情報を活性化させ、さらにその活性化の拡散（spreading activation）を通じて、短期貯蔵庫へ適切な情報を転送することである。

3　認知構造の発達

ここでは、消費者の持つ貯蔵された知識の仕組みである認知構造とその発達プロセスについて説明する。消費者の知識は、製品やブランドあるいは属性や特性といった対象や自らの経験などの事象を表象する記憶表象として、

記憶内において体制化されていると考えられている。体制化（organization）とは、個々の記憶表象である認知要素が互いに関連性を持ち、構造化されているという意味である。すなわち、消費者の知識は、あるまとまりを持つ認知の構造として貯蔵されているのである。

認知心理学の分野では従来から、命題ネットワーク、連想ネットワーク、関連性ネットワークという名で呼ばれる知識のネットワーク構造が提唱されてきた（青木, 1993）。これらは、個々の認知要素が何らかの理由で連合し、その結果として、それらの間の関連性に関する命題という基本形式により互いに結びつけられ、全体として大きなネットワーク構造を形成すると考えられている。ネットワーク構造においては、個々の認知要素が「ノード（node）」と呼ばれる一つの結節点となり、それらの間を互いに結ぶ「連結リンク（connection link）」によってその構造が規定される。

1) 認知構造の3分類

こうした考え方と同様に、認知要素の複合体として認知構造を捉え、その体制化の水準にしたがって、「事実（fact）」「概念（concept）」「スキーマ（schema）」という3つの分類が考えられている（Alba & Hutchinson, 1987）（図4-3）。

図4-3は、事実、概念、スキーマという3つの認知構造の関係を示してい

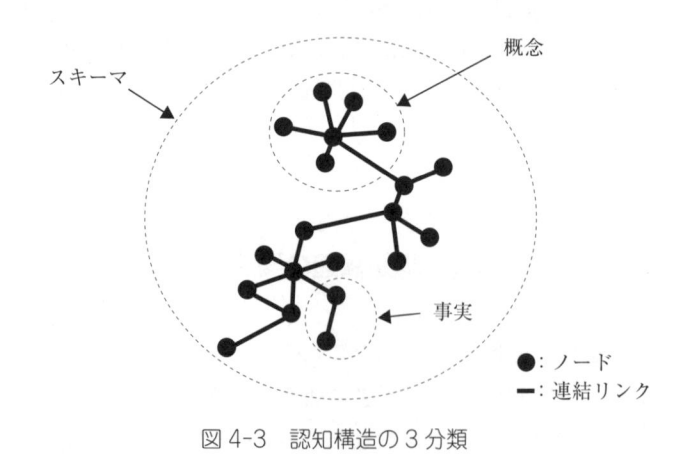

図4-3 認知構造の3分類

る。事実とは、最も単純な認知構造の形態である。事実は認知構造の基本単位となり、より大きな認知構造を形成するものとして位置づけられる。事実が意味しているのは一つの「命題（proposition）」である。すなわち、「AはBなり」というかたちで、消費者がそれを真実であると信じているものである。消費者の態度研究において、「信念（belief）」と呼ばれてきたものが、これに相当する。図中の最小単位に示されるように、事実は認知構造として、2つのノードと一つのリンクによって規定される。

事実を基本単位として、これらを複合的に体制化した集合体が、概念およびスキーマである。概念は、ある特定の対象や事象、または抽象的な概念に関して消費者個人が知りうる事実の総体と考えられている。例えば、「ビールとは何か」、「市場とは何なのか」について知りうるすべての事実である。

スキーマは、ある特定の目標の達成や行動の生起と関連してひとくくりに活性化される事実の集合体であり、複数の概念を包含するものである。例えば、外で食事をするという「外食スキーマ」を考えてみると、「外食では手の込んだ料理が食べられる」や「外食にはお金がかかる」という事実が活性化される。そして、外食に出かける選択肢として「フレンチレストラン」や「中華料理店」といった複数の概念が含まれる。このように、スキーマ全体の中に個々の事実や概念が組み込まれるのである。

しかしながら、こうした事実や概念の組み込まれ方は必ずしも一定ではない。つまり、変化しにくい固定化した事実や概念と連合している部分と、そうではない変化しやすい可変的な事実や概念の両者を、スキーマは併存させているのである。例えば、外食先の選択肢として、フレンチレストランは必ず含まれるが、中華料理店は今日の思いつきで含まれるといったことである。冒頭で述べた「へのへのもへじ」の顔スキーマについて、この点を少し発展的に考えてみよう。例えば、鼻概念を示す「も」がなかった場合でも、顔というスキーマは発動されるだろう。同様に眉概念である2つの「へ」、目概念である2つの「の」、輪郭概念である「じ」がそれぞれ欠けていても、おそらく同様に顔スキーマは発動されるであろう。それでは、顔スキーマが発動されるには、いったい何が、あるいは何の組み合わせが、固定化されてい

なくてはならないのだろうか。消費者の期待に沿う適切な製品やサービスを提供しなくてはならないときに、こうしたスキーマから示唆されることは非常に大きいと考えられる。

また、シナリオや台本のような役割を果たすと考えられている、時間軸に沿って連合する一連の行動に関するスキーマは、スクリプト（script）と呼ばれている。例えば、外食先におけるレストランスクリプトは、「レストランに入る」、「テーブルを探す」ことから始まり、「ウェイターに注文する」「料理を食べる」という目的を達成して、「勘定を済ませる」「レストランを出る」という一連の行動が展開される。サービス業における顧客満足においては、無形のサービス品質を規定する要因として、消費者の持つ既存のスクリプトが考えられる。上記のような外食産業や医療におけるサービスなどでは、既存のスクリプトへのイノベーションが求められている。

2）認知的学習のプロセス

以上のような認知構造の類型からは、消費者が精緻化により個々の認知要素を関連づけて事実を構成し、その事実にまた他の認知要素を結びつけて概念を形成し、さらにスキーマへと知識を構造化させるプロセスが理解できるであろう。このような個々の認知要素に基づいた認知構造の発達的な捉え方は、認知的学習のプロセスとして考えられている（Norman, 1982=1984）。このプロセスでは、累加（accretion）、同調（tuning）、再構造化（restructuring）という段階が仮定されている。

累加とは、知識獲得の最も普遍的な様式であり、既存の概念に新しい認知要素を結びつけることである。例えば、日清食品のカップヌードルを考えてみよう。カップヌードルは、「ラーメン」という既存の概念に「お湯を注ぐ」という認知要素を累加しただけのシンプルなブランドコンセプトとして理解できる。ここにフレーバーのバリエーションとして、「カレー」や「シーフード」という認知要素が次々に累加されるのである。

同調とは、累加した個々の認知要素をより効率的に解釈できるように、一つのまとまりとして調整することである。カップヌードルであれば、通常の

カップヌードル（カップヌードル、カップヌードルカレー、カップヌードルシーフードヌードル）、ライトタイプ（カップヌードルライト、カップヌードルカレーライト、カップヌードルシーフードヌードルライト）、さらには電子レンジ対応可能なマイ・レンジタイム（タコス風ヌードル、トムヤムクン）というように、カップヌードルというブランドについて、適切に理解できるようにチューンナップする作業である。

再構造化とは、対象や概念について、より複雑な認識へと認知構造を変化させることである。カップヌードルでいえば、上記のようなタイプ別に認識している状態をさらに変化させ、「しお」「チリトマト」「欧風チーズカレー」といった多様なバリエーションをも認知構造に組み込み、より洗練化された構造をつくり上げることである。一般に、再構造化は滅多に生じるものではないと考えられているが、ブランド間競争の激しい食品や飲料などの市場では、割と多く起こっていると考えられる。

4　カテゴリーの構造

認知的学習のプロセスは、個々の認知要素に基づいた認知構造の捉え方である。これに対して、認知対象それ自体に基づいた認知構造の捉え方はカテゴリーの構造である。カテゴリーの構造を説明する前に、消費者の持つ高度な認知的情報処理であるカテゴリー化（categorization）について説明する。カテゴリー化とは、対象の識別と同定に関わる情報処理である。対象の識別（differentiation）とは、ブランドAとブランドBを「分ける」という作業である。AとBの間に違いがなければ、同じカテゴリーとして分類されることになる。マーケティングでは、積極的な差異化戦略を図り、他ブランドとの識別を強調して差異を訴求する。また対象の同定（identification）とは、ブランドAがブランドAであることを「わかる」ということである。ブランドのロゴやパッケージデザインから、当該ブランドに間違いないと理解する際にはたらいている情報処理である。この同定という知識のはたらきは、モ

ノやブランドの存在やアイデンティティに深く関わっている。

カテゴリー化を通じて、消費者は自らの認知構造を発達させていくことができる。カテゴリーという視点から認知構造を捉えたカテゴリー構造に関しては、分類学的カテゴリー構造、典型性に基づくカテゴリー構造、そして消費者のコンテクストに依存するアドホック・カテゴリー構造がこれまでに提唱されてきた（新倉，2005）。

1）分類学的カテゴリー構造

分類学的カテゴリー構造では、対象がその構造に組み込まれる際に重要となる「定義的特性（defining feature）」と呼ばれる、カテゴリー間の差異を明確化する特性を各対象は持つと仮定される。対象がどのカテゴリーに組み込まれるかは、この定義的特性に規定される。そして、定義的特性によってカテゴリー間に明確な境界線が引かれ、そのカテゴリー内のメンバーは等しくこれらの特性を有すると仮定されるのである（図4-4）。

図4-4は、分類学的カテゴリー構造を示している。分類学的カテゴリー構造は大きく3つのレベルで階層化される。抽象化レベルの高い順にみると、上位レベル、基礎レベル、下位レベルとなる。この下位レベルのカテゴリー

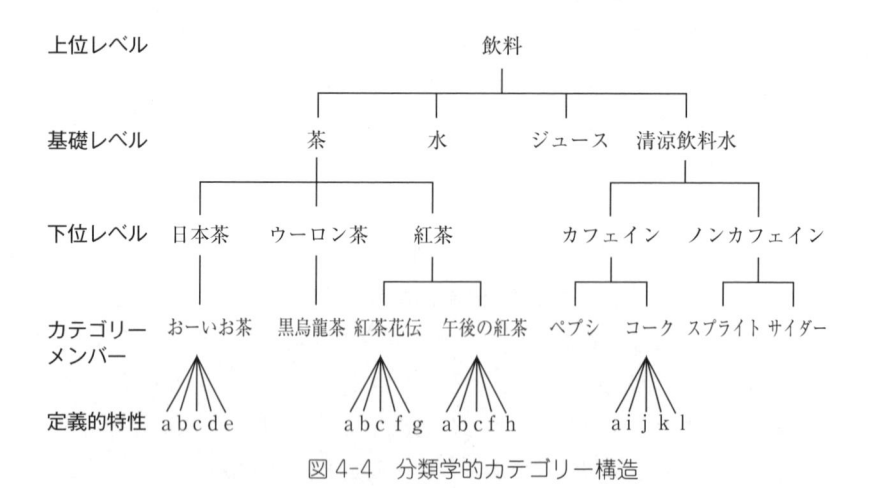

図4-4　分類学的カテゴリー構造

の中に、それぞれの特性を持つ個々の具体的なカテゴリーメンバーが組み込まれていく。一般に、学習によって最初に獲得されるのは、基礎レベルのカテゴリーであると考えられている。図で示されるように、「茶」「水」「ジュース」という基礎レベルのカテゴリーは、そのカテゴリー全体を反映した鮮明な心的イメージを持つ。また、そのカテゴリーのメンバーを素早く認識でき、最も一般的に使用される名称となりうるものである。この基礎レベルのカテゴリーを獲得した後に、知識の増大とともに、上位と下位の方向にそれぞれのカテゴリーが構造化されていく。上位の階層に向かっては、一般化・抽象化される上位レベルのカテゴリーが構造化されていく。「茶」「水」「ジュース」などを抽象的にまとめて、飲むことができる「飲料」というカテゴリーが獲得されるのである。

　一方、下方の階層に向かっては、特殊化・具体化される下位レベルのカテゴリーが構造化されていく。基礎レベルの「茶」には、「日本茶」「ウーロン茶」「紅茶」などの種類があるという認識を持ち、「茶」の下位レベルにサブカテゴリーが獲得されるのである。一般に各企業が熾烈に争っているのは、このサブカテゴリー内で展開される製品ブランド（product brand）である。日本茶カテゴリーでは、「おーいお茶、伊右衛門、生茶、……」という製品ブランドである。ときには、こうした競争を回避して、革新的に独自のカテゴリーを創造する試みもみられる。花王の「ヘルシア」による健康茶カテゴリーや、タマノイ酢の「はちみつ黒酢ダイエット」によるビネガードリンク・カテゴリーなどの新たなサブカテゴリーの創造である。この下位レベルにあるサブカテゴリーの中には、さまざまなカテゴリーメンバーが組み込まれており、これらは定義的属性により規定される。

2）典型性に基づくカテゴリー構造

　典型性に基づくカテゴリー構造とは、カテゴリー間に明確な境界線を仮定するのではなく、そのカテゴリーを代表する認識度合いからカテゴリー構造を捉えるものである。この構造では、当該カテゴリーを代表するような典型的製品や典型的ブランドが、そのカテゴリーの中心に位置づけられる。そし

て、他のメンバーは、そこから順に遠ざかるように認識されると仮定される。ここでは、カテゴリー内のメンバー同士が互いに持ち合う特性の共有度合いである「家族的類似性（family resemblance）」によってカテゴリーが構造化されている（図4-5）。

　図4-5は、典型性に基づくカテゴリー構造を示している。ここでは、各カテゴリーの中心にそのカテゴリーを代表する典型事例が位置づけられている。典型事例には2つのタイプが考えられている。一つは、「炭酸飲料らしさ」や「ビールらしさ」を漂わせる抽象的イメージを与える認識像であるプロトタイプ（prototype）である。他の一つは、その典型事例の具体像を提供するエグゼンプラー（exemplar）である。例えば、炭酸飲料であれば「コカ・コーラ」、ビールであれば「スーパードライ」といった具体的な対象がエグゼンプラーである。もちろん、このエグゼンプラーは、消費者個人により、また同一消費者でも、そのコンテクストにより変化する可能性がある。

　その他のメンバーは、こうした典型事例から、ある心的な距離を置いて布置される。カテゴリー間をまたいで布置されるのは、境界事例と呼ばれるものである。例えば「ビアベースのカクテル」といったビールカテゴリーと低アルコール飲料カテゴリーの両カテゴリーの中間に位置する事例である。清涼飲料カテゴリーと低アルコール飲料カテゴリーとは、定義的特性であるア

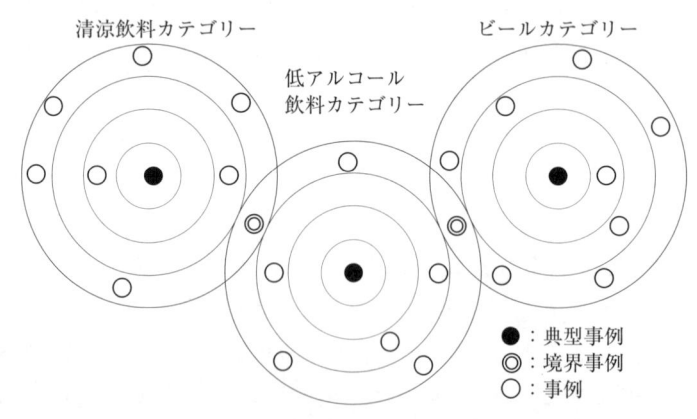

図4-5　典型性に基づくカテゴリー構造

ルコールが含まれているか否かで明確に識別されるはずなのだが、消費者の認識はそれほど明確なものではなく、未成年者が誤飲する危険性のある低アルコール飲料などが数多く存在しているのは、この境界事例を示すものである。

3）アドホック・カテゴリー構造

　消費者のコンテクストに依存するアドホック・カテゴリー構造とは、消費者の持つカテゴリー構造はあらかじめ記憶の中に形成されているものだけではなく、消費者が購買状況に応じて構造化すると考えるものである（図4-6）。

　図4-6は、アドホック・カテゴリー構造を示している。「彼女へのプレゼント」、「あと5kgの減量」というカテゴリーを考えてみると、彼女の笑顔を思い浮かべながら思いつく製品やブランド、あと5kgの努力を手助けする製品やブランドは、必ずしも物理的な特性やその類似性などで規定されるものではない。分類学的カテゴリー構造のように定義的特性によって構造化されるのでもなく、互いに持ち合わせる特性の共有度合いという家族的類似性によって規定されるわけでもない。カテゴリーを構造化するのは、彼女の笑顔をみたいという目的やもう少し痩せたいという願望など、消費者の活動

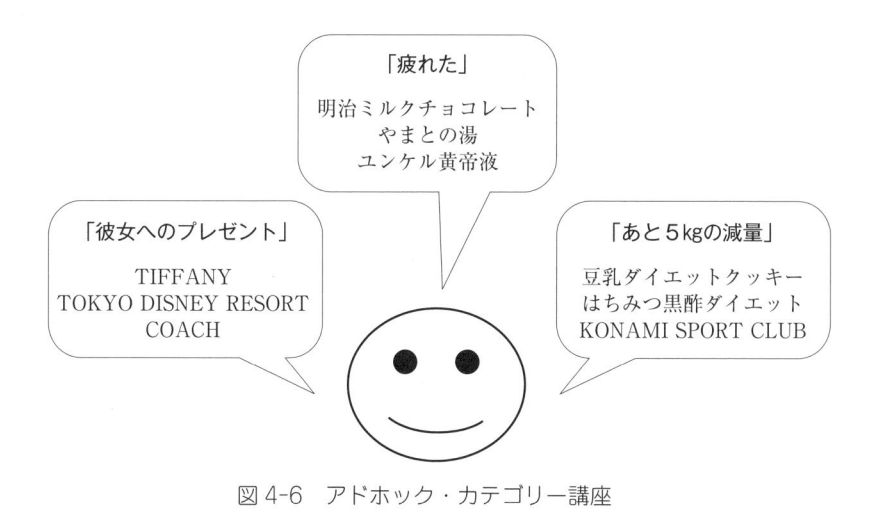

「疲れた」
明治ミルクチョコレート
やまとの湯
ユンケル黄帝液

「彼女へのプレゼント」
TIFFANY
TOKYO DISNEY RESORT
COACH

「あと5kgの減量」
豆乳ダイエットクッキー
はちみつ黒酢ダイエット
KONAMI SPORT CLUB

図4-6　アドホック・カテゴリー講座

を規定する目的や意思なのである。消費者のアクティブな意識や行動が、新たなカテゴリーを創造していく可能性を持つのである。

このアドホック・カテゴリー構造も、同じコンテクストを経験するにつれて、次第に典型性に基づく構造のようになると考えられる。アドホック・カテゴリーの中で、特にその目的や願望に適うふさわしいメンバーを基軸にして、あるいは事例として遭遇する頻度に応じて、アドホック・カテゴリーの中のメンバーは、中心的傾向性を持ちグレード化されていくのである。

5　専門知識力

1）専門知識力の次元

消費者の知識のはたらきを情報処理能力という視点から捉えた概念として、専門知識力（expertise）が提唱されている（Alba & Hutchinson, 1987）。図4-7が示すように、専門知識力を規定する5つの次元として、認知努力、認知構造、分解能力、精緻化能力、記憶能力が考えられている。

これらの次元は相互に関係を持ちながら、消費者の情報処理能力を規定しているのである。これらの相互的な関係を簡略して述べると、消費者は経験を重ねることにより、認知努力の軽減を図るために認知構造を発達させ、分

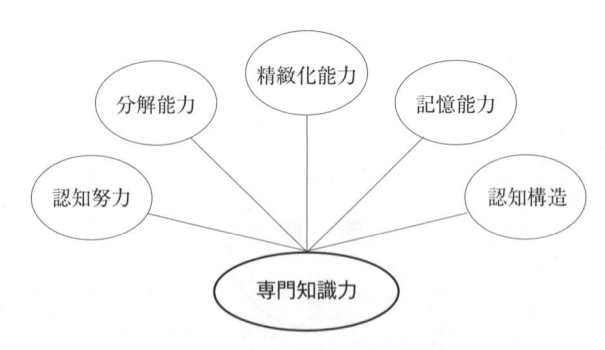

図4-7　分解型処理と非分解型処理

解能力、精緻化能力、記憶能力をそれぞれ向上させるということができる。

　消費者は限られた処理資源を有効活用するために、できるだけ認知努力を軽減させたいのである。そのために、自らの認知構造を適切なかたちに発達させる。このことによって、処理課題を詳細に分解して捉えることが可能になり、また分解したものを精緻化により結合させることができる。さらに、発達した認知構造を持てば適切な情報の検索が可能となり、その記憶能力は高まるのである。

2）認知努力

　課題の繰り返しや反復といった単純な作業は、認知努力を軽減させて、課題の成果を向上させると考えられている。こうした繰り返しや反復のもたらす効果には2点ある。一つは、反復により、成果の質を落とさずに遂行時間を減少させることが可能になるという点である。他の一つは、反復を繰り返すことにより、限られた認知資源を節約させて、その分、同時に遂行される他の課題へと認知資源を有効利用できるという点である。これらは、課題の遂行における時間や認知資源の効率的配分をもたらすということである。また、反復を重ねることによって、同一の課題に対して、意識的な統制をせずに自動的にその課題が遂行される「自動化（automaticity）」と呼ばれる処理が行われるようになる。ベテランの主婦が買物上手なのは、これらのことを示しているのである。

3）認知構造

　知識の増大につれ、製品を識別するために使われる認知構造は、より洗練され、より完璧となり、より実体と合致するようになると考えられている。前節で詳解した認知的学習のプロセスやカテゴリー構造を発達させることにより、消費者は、市場の実態により合致した認知構造を獲得していくのである。

4）分解能力

　知識の増大につれ、課題に適切な情報を分解する情報の分解能力は向上していくと考えられている。情報の分解とは、消費者が処理対象をどの水準で捉えていくかということに関わるものである。ここには2つの相反するモードが考えられている。対象を「要素分解」して捉える分解型処理（analytic processing）モードと、対象を「包括把握」して一つの全体として捉える非分解型処理（nonanalytic processing）モード、ないしはホーリスティック処理（holistic processing）モードである。分解型処理モードは、非分解型処理よりも多くの認知努力を必要とする。一般に、知識の増大につれ、分解型処理が行われるようになるが、分解型処理には十分な動機づけが必要となる。また、時間圧力や課題の複雑さといった多くのコンテクスト要因が分解型処理を阻害し、非分解型処理を促進させる。こうした処理の違いは、外部情報が内部情報として取り込まれる際の符号化プロセス、対象の分類プロセス、認知要素間の推論プロセスにおいて強く現れる。同じ対象でも、消費者により異なって解釈されるのは、この分解能力が引き起こす、これらのプロセスの違いによるものである。図4-8は、分解能力に関する情報処理モードと顕著となる処理の相違を示している。

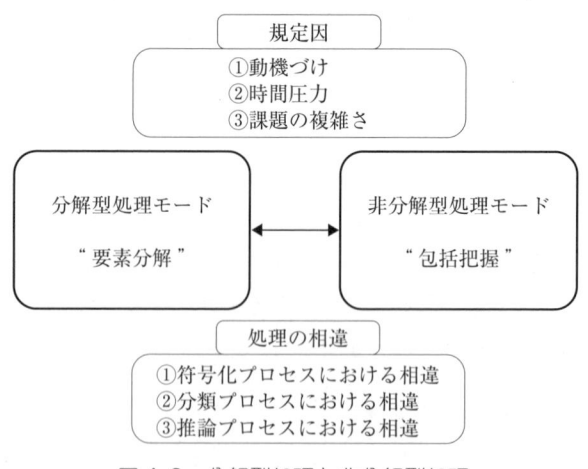

図4-8　分解型処理と非分解型処理

5）精緻化能力

　知識の増大につれ、与えられた情報を超えた知識を創造する情報の精緻化能力は向上すると考えられている。精緻化とは、推論のために認知要素間のリンクを創出する作業である。認知構造の基本単位である事実を形成することにも関わり、ノード間に連結リンクを創出することで、新たな情報の創造が可能になる。また精緻化能力は、情報の解釈にも大きな影響を与える。「この薬はジェネリックである」「後発医薬品は安い」という２つの文を結びつけて考えることができるかどうかに関わる能力でもある。このような精緻化能力が向上すれば、与えられた情報から推論に必要な経路となる媒介的な事実を創出することができる。精緻化能力の違いは、情報処理の深さや細やかさにきわめて大きな影響を与えるのである。

6）記 憶 能 力

　知識の増大につれて、情報の記憶能力は向上すると考えられている。消費者の記憶能力に関しては、内部情報を検索する「再認（recognition）」と「再生（recall）」について理解しておく必要がある。再認とは、以前に学習したことのある対象を単に指摘することである。再生とは、以前に学習した対象を思い出して、正確に再現することである。再生には再現が必要になるので、記憶におけるノードとリンクの拡散的な活性化を伴う。したがって、あるブランドの再生には、そのブランドの持つ属性やその評価的側面などが含まれる。手がかりを伴う再生を手がかり再生（cued recall）、手がかりを伴わずに自由に再生することを自由再生（free recall）あるいは非助成再生という。

　マーケティングでは、ブランド認知をブランド再認とブランド再生から捉えている（Keller, 1998）。ブランド再認には、認知要素として当該ブランドが知識として確立される永久的記憶コード（permanent memory code）の獲得、ブランド再認のための起爆剤となるプライミング*（priming）、ブランドの露出の有無と回数が関係している。

　一方のブランド再生は、考慮集合*（consideration set）と密接な関係がある。考慮対象となるブランドがどのように再生されるかは、その考慮集合の形成

のされ方に依存している。消費者の考慮集合は、かつて想起集合（evoked set）と呼ばれた自由再生されるブランド群（記憶依存型ブランド）と店頭の棚にならび対面するブランド群（刺激依存型ブランド）という両者の混合型として考えられている（岸, 1997）。またブランド再生は、ブランドのカテゴリー構造とも関係している。分類学的カテゴリー構造からは、定義的特性に基づくブランドの再生が考えられる。典型性に基づくカテゴリー構造からは、典型度合いの高いブランドが再生されやすくなると示唆される。アドホック・カテゴリー構造からは、目的や状況との関連性からブランドが再生されることが考えられる。このように、記憶能力は、認知構造のあり方とかなり密接に関係していると考えられる。

|用語解説|

プライミング：先行するプライム刺激（例えば、車）の受容が、後続するターゲット刺激（例えば、BMW）の処理に与える促進効果のこと。長期記憶内で意味的・エピソード的に結びつき再認を促進させる。

考慮集合：購買にあたり思い出されるブランド群は想起集合と呼ばれてきたが、近年では購買場面の重要性から、対面するブランド群なども含めて、真剣に考慮するブランド群を考慮集合と呼んでいる。

トピック：消費者のブランド再生

　消費者は自らの持つ認知構造に依存しながら、その状況に適切なブランド群を再生させることができる。本章で取り上げた認知構造の3分類を参照しながら、次のような状況を考えてみよう。「今日で定期試験が終わり、アルバイトも見つかった。久しぶりに下宿に友人を大勢呼んで……」という状況が調査では設定された。

　以下の図は、大学生が自宅に友人を招き、飲み会を開く際の「飲み会スキーマ」とビールの購買意思決定プロセスを示している。大学3年生のK君はA社のドライビールが大好きだが、新製品のビールや発泡酒も時々買うことがある。「今日の飲み会を盛り上げたい」という全体の目的にしたがって、「飲み会スキーマ」が発動される。この飲み会スキーマに基づき、飲み会を盛り上げる

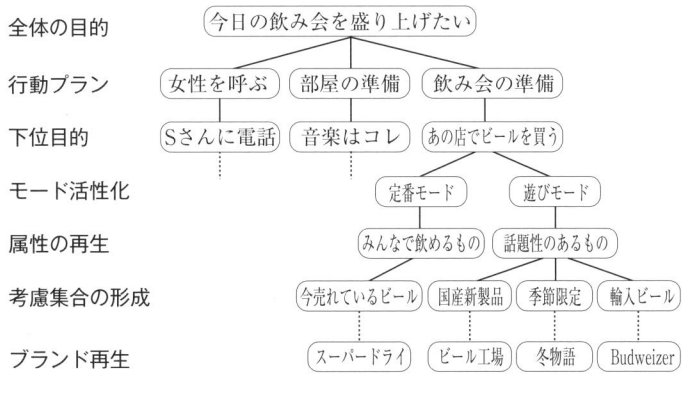

```
全体の目的       ┌今日の飲み会を盛り上げたい┐
行動プラン    ┌女性を呼ぶ┐┌部屋の準備┐┌飲み会の準備┐
下位目的     │Sさんに電話││音楽はコレ││あの店でビールを買う│
モード活性化              ┌定番モード┐┌遊びモード┐
属性の再生               ┌みんなで飲めるもの┐┌話題性のあるもの┐
考慮集合の形成     ┌今売れているビール┐┌国産新製品┐┌季節限定┐┌輸入ビール┐
ブランド再生       │スーパードライ││ビール工場││冬物語││Budweiser│
```

図　飲み会スキーマ

出所：岸（1997）より修正して引用。

ために必要な「概念」や「事実」が組み込まれていく。

　具体的には、行動プランを立てることにより、そのプランに沿った下位目的が設定されていく。これらのうち、「あの店でビールを買う」という購買行動に関する目的は、処理様式としてのモードを活性化させる。そして、適切な評価基準となる属性が再生され、購買を真剣に考慮するブランド群としての考慮集合が形成され、その中に具体的な選択肢となるブランドが次々と再生されていくのである。

　このように、ある状況に適切なスキーマが発動され、これにふさわしい概念や事実が順次活性化されていく。消費者の持つ認知構造は、当該購買の意思決定を支援するように、適切なブランドを再生させるという重要な役割を果たしているのである。

第5章
消費者の態度形成

★章のねらい★

あなたが持っている携帯電話、あなたはなぜそれを買ったのだろうか。その携帯の機能が気に入って買った人もいるだろうし、デザインが気に入った、操作性が気に入ったという人もいるだろう。いずれにせよこのような場合、私たちはその携帯のある面が好きだからその携帯を買ったことになる。この例のように私たちの消費行動は、そのモノに対する態度によって左右されることが多い。本章では、消費者の購買行動と密接に関連する態度に焦点を当て、その形成や変容がどのようになされるのか、態度と行動はいかに結びついているのか、これらの点について検討していく。

1 態　　度

本節では態度とは何か、態度をどのように捉えることができるかを示しながら、態度が消費者行動研究においてどのように扱われてきたのかを簡潔に述べる。

1）態度とは

態度とは、ある対象に対する評価、つまり好意あるいは非好意の程度を伴う心理的傾向のことである（Eagly & Chaiken, 1993）。その対象は、具体的な事物や人物から、特定の行動、ものの見方や考え方といった抽象的な概念まで、私たちの社会に有形無形を問わず存在するあらゆるものを含む。態度には好

意-非好意、つまり好きか嫌いかという「方向性」がある。しかし、私たちはすべての対象に対して明確な態度を持っているわけではない。好きあるいは嫌いと明言できるものから、何となく好きあるいは嫌いと感じられるもの、そして好きとも嫌いともいえないものまで、その「強度」は対象によって異なる。

　これまで消費者行動研究において態度が着目されてきたのは、態度が評価を伴う心理的傾向として人の内面に留まるだけでなく、行動にも影響を及ぼしうるからである。つまり、ある製品、サービスや企業に対する態度が、消費者の消費行動と結びつくからである。それゆえ、消費者行動研究では、人が製品、サービスや企業に対してどのような態度を持っているのかを調査すること（マーケティング）や、消費者の製品や企業に対する態度をいかに形成あるいは変容させるか（意思決定や広告／販売戦略）に多くの焦点が当てられてきた。

2）態度の成分

　古くは、態度は3要素から構成されると考えられていた（Rosenberg & Hovland, 1960）。つまり、ある対象に対する"好き-嫌い"や"快-不快"といった感情的成分に加え、"良い-悪い""望ましい-望ましくない"といった信念に関わる認知的成分、"接近-回避""受容-拒否"といった行動意図に関わる行動的成分からなるとされた。また、これら3要素は一般的には一致した「方向性」を持つと考えられていた。したがって人がある製品を"好き"と感じる（感情的成分）ときには、その製品を"良い"と判断し（認知的成分）、それを"買いたい"と動機づけられる（行動的成分）とされた。現在では、前述の定義でも示したように、態度はある対象に対する好意的あるいは非好意的な評価として単一要素、つまり感情的成分によって構成されるという見解が一般的である。この場合、上述の認知的成分は対象に対する信念や認知、行動的成分は行動意図や動機として、態度とは別の心理的要素と捉えられている。

3）二重態度モデル

　私たちは自分の持つ態度の多くを意識しており、それを報告することができる。A社のB製品が好きかと問われれば、好きもしくは嫌いと答えることができる。好き嫌いがはっきりしない場合ですら、それは好きとも嫌いともいえないという意識上での判断結果である。したがってこうした態度は、顕在的態度と呼ばれる。一方、近年、私たちはこうした"表"の態度とは別に"裏"の態度を持つことが明らかになってきた。それは潜在的態度と呼ばれるものであり、意識的注意が及ばず、自動的に活性化する自己報告ができない態度である。顕在的態度と潜在的態度の方向性は必ずしも一致するとは限らない。例えば、長年の喫煙習慣を経て禁煙に成功したある人物のタバコに対する顕在的態度は"嫌い"であるが、その潜在的態度は"好き"な場合もありうるのである。このように人は1つの対象に対して、顕在的態度と潜在的態度の2つの態度を持つと仮定するのが二重態度モデル（Wilson, Lindsey, & Schooler, 2000）である。

　人が物事を判断する際に意識的に熟慮できるような状況では顕在的態度が優位にはたらくが、熟慮できないあるいは熟慮しなくてもいいような状況では自動的に潜在的態度がその判断に影響する。また、潜在的態度はこれまでの経験の"痕跡"であるため、顕在的態度と比べて変化しにくい。消費者行動研究の分野でも、従来は主に顕在的態度に焦点が当てられてきたが、潜在的態度の存在やその特徴を踏まえて、後述するように近年では、潜在的態度に焦点を当てたアプローチも行われるようになってきた。

　なお、潜在的態度は意識されないので顕在的態度のように質問紙などを使った自己報告による測定は困難である。そのため潜在的連想テスト（Implicit Association Test : IAT）などの潜在的測度が用いられる。IATは「カテゴリー」（例：タバコ）と「属性」（例：好き／嫌い）が対呈示されたときの反応潜時からその対概念間の連合の強さを測定する方法であり、相対的に反応潜時が短いほど対概念間の連合は強いと判断される。つまり"タバコ"と"嫌い"よりも"好き"との反応潜時の方が短かった場合には、"タバコ"に対する潜在的態度は"好き"と判断される。

2 態度の形成と変容

　消費者は消費行動と結びつくと考えられるある製品、サービス、あるいは企業などに対する態度をどのように形成するのであろうか。また、その態度はどのような過程を経て変容するのであろうか。これら態度の形成や変容のプロセスは一様ではなく、私たちの態度はさまざまな様態で影響を受ける。そこで本節では、消費者の態度形成や変容に関わる代表的な理論や要因を実例や研究事例を交えながら紹介する。

1）態度形成
(1) 古典的条件づけ
　テレビCMをはじめとする広告においては、魅力的で美しい女性がしばしば登場する。これは単なる偶然ではない。パブロフの犬の実験でお馴染みの古典的条件づけのメカニズムを使って、私たちにその製品に対する好意的な態度を形成しようと意図されたものである。例えばある新製品の飲料水のテレビCMに好感度が非常に高い女性タレントが起用されたとする。その飲料水（条件刺激）に対する人々の態度は新製品であるがゆえに、はじめは好きとも嫌いともいえないニュートラルなものである。しかし、好感度が高い女性タレント（無条件刺激）がその飲料水とともに登場するCMを繰り返し視聴するうちに（条件刺激と無条件刺激の間の連合が強化されるうちに）、その飲料水に対しても好意的な態度が形成される。こうして条件づけが成立すれば、タレントがCMに登場しなくても、その飲料水に対する態度は好意的なままで維持される。なおいうまでもないが、無条件刺激になりうるのは魅力的で美しい女性に限らない。その製品の潜在的消費者が好意を抱く対象であれば、いかなる人物や事物も無条件刺激になりうる。

(2) 道具的条件づけ
　人は一般的に報酬（正の強化子）がもたらされるものには接近しようとし、罰（負の強化子）がもたらされるものに対しては回避しようとする。道具的条

件づけはこうした強化子によって接近もしくは回避行動を強化し、今までになかった新しい行動を成立させることにほかならないが、態度形成レベルにおいても基本的には同様のメカニズムがはたらく。つまり、人は報酬をもたらすものには好意的な態度を持つが、罰をもたらすものに対しては非好意的な態度を持つようになる。消費者の製品に対する態度を好意的なものにし、購買意欲を高めるために報酬が用いられている実例は枚挙にいとまがない。子どものお菓子につけられたオマケのおもちゃから、ファッション雑誌を買えばついてくるブランドもののバッグ、20ｇ増量中として販売されている健康食品、1個買えばサービスでもう1個ついてくる通販の掃除モップ、夕方になると値引き表示があるスーパーの生鮮品……といった具合である。

(3) 社会的比較

私たちは上述の古典的条件づけや道具的条件づけで示されたような直接的経験だけでなく、社会的比較を通しても態度を形成している。社会的比較とは、自分自身に対する評価が他者との比較を通してなされるとするものである (Festinger, 1954)。ある対象に対する自分の態度が好ましいか好ましくないかは、他者がその対象に対してどのような態度をもっているかによって大きな影響を受ける。その際に比較となる他者は多くの場合、参照集団と呼ばれる自分が価値を置き、アイデンティティを感じることのできる他者集団である。一つの研究例をみてみよう (Fleming & Petty, 2000)。この研究では、事前に"男性が好む"あるいは"女性が好む"と紹介された新製品（スナック菓子）に対する態度が、自分のジェンダーに対するアイデンティティが高い者と低い者とでどう異なるかが検討された。その結果、ジェンダーに対するアイデンティティが高い者は男性であれば"男性が好む"菓子、女性であれば"女性が好む"菓子の方が、自分の性と一致しない人々から好まれる菓子よりも肯定的な態度が示された（図5-1）。一方、ジェンダーに対するアイデンティティが低い者では特に性差は見られなかった。この実験結果にも示される社会的比較のメカニズムを利用し、ターゲットとする購買層からいかに支持されているかを訴求する広告（製品に対する好感度や販売実績の提示など）の実例は非常に多い。消費者が一連の購買行動において、インターネット上で

菓子に対する態度

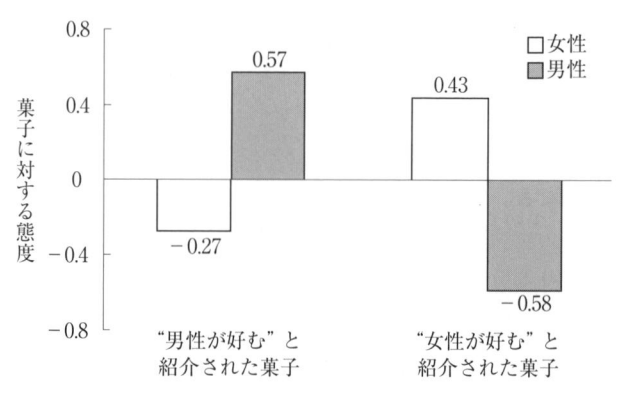

図5-1 ジェンダー・アイデンティティが高い者の菓子に対する態度

の口コミやつぶやきを参照にして自分の態度を決定し、購入するか否かの判断を行っているのもこの好例であろう。

(4) 多属性態度モデル

　私たちはある製品を評価する場合、その製品の一つの属性だけでなく複数の属性に着目していることが多い。例えば、車を購入しようとする場合、ある人は対象となる車の価格、デザイン、大きさ、燃費、エンジン出力、運転のしやすさ等々、複数の属性に着目している。このように対象の複数の属性に対する各評価を統合したものがその対象に対する全体的態度である、とする考え方に基づくモデルを総称し、多属性態度モデルと呼んでいる。

　多属性態度モデルの中でも消費者行動研究において多く援用されているのがフィッシュバインとアイゼンのモデルである (Fishbein & Ajzen, 1975)。このモデルでは、ある製品に対する全体的態度は表5-1の下に示された関数で表される。例えば、ある人物は車に対しては"価格の高さ"、"デザインのよさ"、"燃費のよさ"という評価に関わる3つの属性を持ち合わせ、この人物が有する各属性に対する評価と、A車、B車、C車への各属性に対する信念が表5-1のとおりであったとする。この際、各車に対する全体的態度は表5-1にも示されているように各属性に対する評価と信念の積和として表される（+であるほど"好意的"、−であるほど"非好意的"）。つまり、ここではA車、

表 5-1　多属性態度モデルの適用例（車に対する態度）

製品	それぞれの製品の各属性に対する信念(b_{ij})			製品に対する全体的態度(A_j)
	価格の高さ	デザインのよさ	燃費のよさ	
A 車	2	2	3	7=[−2 × 2]+[1 × 2]+[3 × 3]
B 車	−1	−2	1	3=[−2 × (−1)]+[1 × (−2)]+[3 × 1]
C 車	3	3	−2	−9=[−2 × 3]+[1 × 3]+[3 × (−2)]
各属性に対する評価(a_i)	−2	1	3	

$$A_j = \sum_{i=1}^{n} a_i b_{ij}$$

A_j：製品 j に対する全体的態度，a_i：属性 i に対する評価
b_{ij}：製品 j が属性 i を有することについての信念の強さ，n：属性の数

B 車、C 車の順に好意的態度を有していると判断される。

　このように、人の態度を計量できるという点で多属性態度モデルは着目されたが、消費者行動研究において消費者の購買行動を予測するという点では問題も多い。例えば、多属性態度モデルでは製品の個々の属性に対する評価が行われることが前提となっているが、人が態度を決定する際には必ずしも個々の属性に着目しているわけではない。高関与製品では比較的個々の属性に対する評価が行われるが、低関与製品では情報処理を単純化するためのヒューリスティックス*が利用されがちである。また評価対象となる属性も人によって変わってくる。したがって多属性態度モデルを援用して測定できる態度は非常に限られているといわざるをえない。

2）態度変容

(1) 説得的コミュニケーションによる態度変容

　態度変容に関する初期の研究を牽引したのは、ホブランドを中心とするエール学派による説得的コミュニケーションと態度変容に関する一連の研究である。説得的コミュニケーションとは、コミュニケーションの送り手がその受け手の態度を変化させることを意図して行われるコミュニケーションであ

り、①送り手、②メッセージの内容や呈示方法、③受け手、などの要因を中心に態度変容に及ぼす効果が検討された。企業による広告、店員やセールスマンが送るメッセージは、自分たちが関与する製品等に対する消費者の態度を好意的に変容させることを目的として発せられるものであり、こうした企業等から消費者に向けて発せられるメッセージはまさに説得的コミュニケーションの一形態といえよう。実際に広告やセールス場面では、態度変容に影響を及ぼす上述の要因が巧みに利用されている。

① 送り手： この要因の一つに信憑性がある（Hovland & Weiss, 1951）。信憑性（credibility）は、送り手が当該の対象について持つ専門性（expertness）と、受け手が送り手に対して持つ信頼性（reliability）から成り立っている。一般に、私たちは信憑性が高い送り手からメッセージを受けたときの方が低い送り手から受けたときよりも態度を変容しやすい。例えば、テレビCMにおいて専門家が出てきてその製品の推奨を行う手法はよく目にする実例である。また、公共性の高い全国紙に繰り返し広告を出すという方法は、その企業の信頼性を読者（消費者）に印象づけることを通して説得効果を高めようとする手法といえよう。

② メッセージの内容や呈示方法： メッセージの内容に関わる一要因として、恐怖喚起アピールがある（Hovland et al., 1953）。受け手を脅かし恐怖を喚起させ、受け手がその恐怖を低減したいという動機を利用して態度や行動を変容させるのがその手法である。健康関連製品やトイレタリー製品などの広告においてはしばしば、その製品を使わなかった場合に生じうる最悪の状況を示し恐怖を喚起した上で、その製品の効能によりひどい状況を回避できることが訴えられている。恐怖喚起が強すぎるとその説得効果は弱まるとする研究もあるが（Janis & Feshbach, 1953）、恐怖に陥ったときの適切な対応行動が示されていれば、喚起された恐怖が大きくても説得効果はあるとする研究もある（Rogers & Mewborn, 1976）。

メッセージの呈示方法に関してもさまざまな要因が検討されているが、ここでは一面呈示と両面呈示の影響について紹介する。一面呈示では唱導しようとする態度の方向性と合致する情報だけを呈示するのに対して（製品の長

所のみ呈示)、両面呈示では唱導しようとする態度の方向性と合致しない情報も合致する情報と合わせて呈示する(製品の長所と短所を呈示)。一般に、メッセージの受け手が持つ態度の方向性と唱導の方向が一致する場合には一面呈示が、また一致しない場合には両面呈示がより有効であることが示されている (Hovland et al., 1949)。例えば、対抗製品と比較して性能が良いことだけを主張するのではなく、値段は高いがその分性能が良いことを主張するのが両面呈示の広告である。誠実さを通して消費者との信頼関係を構築しようとする意図から、こうした両面呈示による広告は多くみられる。

③ 受け手： 態度変容研究においては受け手の当初の態度、自尊心、パーソナリティ、知性などさまざまな要因の影響が検討されてきたが、その中で消費者行動研究において最も着目されたのは関与 (involvement) であろう。もともとは、社会心理学の社会的判断理論 (Sherif & Hovland, 1961) において導入された自我関与 (ego-involvement) をその起源としている。自我関与とは、事象、課題、状況などが自我にとってどの程度重要で関わりがあるのかを示す概念である。今日の消費者行動研究においては、関与は本来の意味での自我関与概念よりも広い概念ないしは自我関与とは多少異なる概念として用いられている。堀によれば、消費者行動研究における関与の概念はその対象によって大まかに"製品関与"(その製品または製品クラスに対する関与)、"購買関与"(買うということに関する関与)、"広告関与"(広告に対する関与)の3つに分けることができる (堀, 1997)。初期の態度変容研究においては、対象に対する自我関与が強い人ほど説得を受けても態度変容は起こりにくい (Kelley & Volkart, 1952) といった説得効果の検討が行われた。しかし、先に高関与製品では多属性態度モデルが適用できても低関与製品ではその適用が難しいことを指摘したように、近年では関与が異なることで違った態度変容のメカニズムがはたらくことが明らかにされ、消費者行動研究の分野でもこの観点からの研究が盛んに行われている。なお、このメカニズムの違いについては、次の態度変容に関する二重過程理論の中で詳述する。

ところで、広告やマーケティングの世界では、消費者を何らかの基準で分類した集団をセグメントと呼び、各セグメントに応じた広告展開やターゲッ

```
                 ■ 安全性訴求広告
                 □ 新機能訴求広告
```

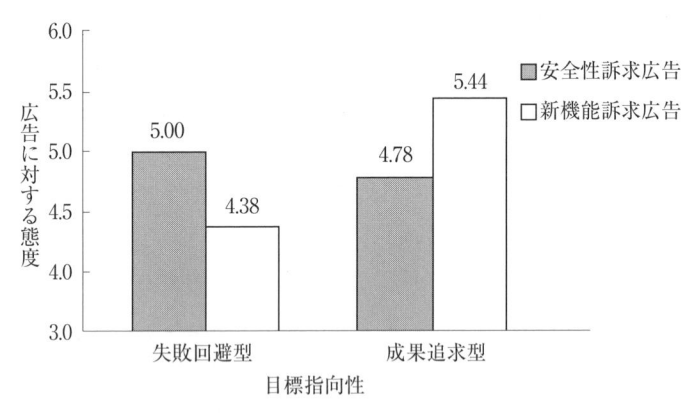

図5-2 目標指向性の違い別にみた各広告に対する態度

トとするセグメントに絞って広告展開を行うことがごく一般的に行われている。まさにこれは受け手の特徴に応じた説得的コミュニケーションの実践的な適用例といえる。こうした実践を支持する最近の研究例を紹介しよう（Werth & Foerster, 2007）。その第3研究では、人の目標指向性の違い、つまり失敗回避型（prevention-focus）か成果追求型（promotion-focus）かに着目し、広告によって形成される製品（洗濯機）に対する態度（製品の質に対する評価）を測定した。その結果、図5-2に示されるように、前者は安全性を保証する広告によって、また後者は新機能を訴える広告によってより製品の質に対して肯定的な評価を行うことが明らかにされた。つまり、受け手の特徴に応じて広告の訴求する観点を変える必要があることを示唆している。こうした知見からも、受け手の要因を考慮することが今後も消費者行動や広告効果を考える上で重要であることがよくわかる。

(2) 態度変容に関する二重過程理論

説得的コミュニケーションによる態度変容研究が進むにつれ、先にも触れたように態度変容に影響を及ぼす要因を検討する研究から、そのメカニズムを探求する研究へと移行していった。その結果、説得的コミュニケーションとして与えられた情報は、異なる2つの過程により処理されることが明らかになった。この代表的な理論の一つがペティとカシオッポの精緻化見込みモ

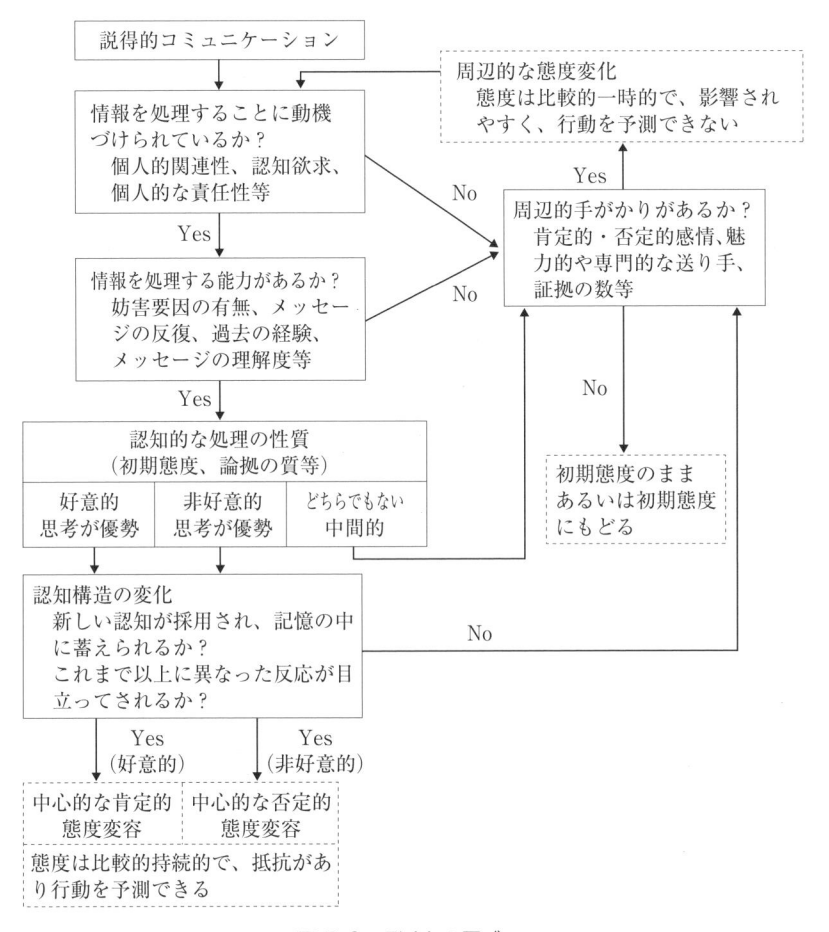

```
                説得的コミュニケーション
                          ↓                           周辺的な態度変化
                情報を処理することに動機              態度は比較的一時的で、影響され
                づけられているか？                    やすく、行動を予測できない
                個人的関連性、認知欲求、
                個人的な責任性等                              ↑ Yes
                          ↓ Yes        No →  周辺的手がかりがあるか？
                情報を処理する能力があるか？         肯定的・否定的感情、魅
                妨害要因の有無、メッセー      No →  力や専門的な送り手、
                ジの反復、過去の経験、                証拠の数等
                メッセージの理解度等
                          ↓ Yes                       ↑ No
                認知的な処理の性質
                （初期態度、論拠の質等）              初期態度のまま
         ┌──────┬──────┬──────┐              あるいは初期態度
         │好意的 │非好意的│どちらでもない│              にもどる
         │思考が優勢│思考が優勢│中間的  │
         └──────┴──────┴──────┘
                          ↓
                認知構造の変化
                新しい認知が採用され、記憶の中
                に蓄えられるか？                    No
                これまで以上に異なった反応が目
                立ってされるか？
                    ↓ Yes      ↓ Yes
                   (好意的)   (非好意的)
                ┌──────┬──────┐
                │中心的な肯定的│中心的な否定的│
                │態度変容   │態度変容   │
                └──────┴──────┘
                態度は比較的持続的で、抵抗があ
                り行動を予測できる
```

図 5-3　ELM の図式

デル（Elaboration Likelihood Model：以下 ELM）であり（Petty & Cacioppo, 1986a）、こうした異なる2つの処理過程を仮定する理論を総称して二重過程理論と呼んでいる。

ELM によれば、図5-3にも示されるように、説得的コミュニケーションとして与えられた情報内容を注意深く吟味した上で態度変容に至る中心的ルート、そうした情報処理を経ずに何らかの手がかりに反応して態度変容に至

る周辺的ルートが仮定されている。受け手に情報を処理する動機づけと能力の両方が備わっていれば与えられた情報内容の処理を行うので中心的ルートを経るが、どちらか一方または両方が備わっていない場合には情報内容の処理は行われず周辺的ルートを経る。

これまで述べてきたことと関連づけると、送り手の信憑性や魅力に反応して態度が変容したり形成されるのは、信憑性や魅力が周辺的手がかりとして機能しているからである。受け手の関与が態度変容に影響するのは、高関与の際には情報処理に関する動機づけが高くなるので中心的ルートを経やすいが、低関与の際には動機づけが低く周辺的ルートを経やすく、関与の高低により異なる影響過程が採用されるからである。また、多属性態度モデルは情報処理が可能な中心的ルートの範疇で適用できるモデルであり、受け手が与えられた情報を処理しない場合（例えば、前述のように低関与製品に対して）には適用できない。このように態度変容に関する二重過程理論は、従来の多様な態度理論や矛盾する態度変容の結果を包括的に説明する理論として提唱されたものであるが、消費者行動研究の分野でも消費者の態度や態度変容を説明するモデルとして数多く援用されている。

(3) 潜在的態度への着目

ここまで紹介してきた従来の態度や消費者行動に関する理論や研究は、二重態度モデルにおける顕在的態度に主として焦点を当てたものであったが、近年は潜在的態度に着目した研究も盛んに行われている。例えば、長年A車好きであった人に、B車の価格面、性能面の優位であるという情報を示し認知的にB車の方が優れているという認知的評価（顕在的態度）を引き出したとしても、A車に対する好きという記憶上の痕跡（潜在的態度）が消されない限りは、B車購入という決定を鈍らせることになるであろう。この例のように、私たちの日常における意思決定や判断は必ずしも熟慮に基づき合理的に行われるわけではなく、むしろその多くは先のELMで示されるところの周辺的手がかりに反応するものであり、その反応も意識的というよりは自動的に行われている。そして、この自動的処理のベースに潜在的態度があると考えられる。したがって、二重態度モデルが提出されて以来、消費者行動研

究の分野でも潜在的態度に注目が集められている。

　潜在的態度を扱っている最近の研究例を一つ示そう（Chan & Sengupta, 2010：第1研究）。あるデパートからダイレクト・メールが届いたという想定で、その中のパンフレットにある文章を実験参加者に読んでもらった。その文章には、明らかにそれが顧客を確保することがねらいだとわかるお世辞が含まれていた。パンフレットを読んだ後、一つの条件ではそのデパートに対する顕在的態度が測定され（時間制限を設けず熟慮して判断できる下での態度測定）、もう一つの条件ではそのデパートに対する潜在的態度が測定された（時間制限が設けられ熟慮して判断できない下での態度測定）。またこの最初の実験終了3日後に、両条件の参加者に対して同様の方法で、"そのデパートの衣服を買おうと思うか"、"そのデパートの会員になろうと思うか"という行動意図が測定された。その結果、デパートに対する態度は潜在的態度条件の方が顕在的態度条件よりもポジティブであることが明らかになった。つまり、人には一般的に自分が価値ある存在であることを求める自己高揚動機があるので、見え透いたお世辞であっても自動的にその送り手（デパート）に好意を抱く（潜在的態度）。しかし、それが明らかにうそとわかるお世辞であるのでその好意的評価は意識的に割り引かれ、その結果、顕在的態度は潜在的態度よりネガティブになったというわけである。では、どちらが行動をより予測する態度なのであろうか。この実験では、潜在的態度の方が顕在的態度よりも行動意図との相関が高く、より行動を予測することが示されている。こうした研究例に示されるように、消費者行動研究においても、今後ますます潜在的態度への注目は高まるであろう。

3　消費者の態度と行動

　本章の1節でも述べたように、これまで消費者行動研究において態度が着目されてきたのは、態度が行動に影響を及ぼしうるからである。確かに私たちは自分が好きな企業や製品ブランドのものを買うことが多い。実際、態度

と行動の関係を扱った88の研究をメタ分析した結果、両者の間には信頼できる関係性があることが見出されている（Kraus, 1995）。しかし一方では、ダイエットを公言しているので大好きなケーキをみても買わないというように、態度が購買行動に結びつかないこともある。そこで、本節では、態度と行動はどのような場合に結びつきやすく、またどのような要因によって乖離しやすくなるのか、これに関わる知見や理論について述べる。

1）態度の強度

　態度と行動の一貫性に影響を与える要因の一つに、態度の強度がある。態度の強度は、抵抗性や持続性によって特徴づけられる。つまり、反駁を受けても態度を変えることがない（抵抗性がある）、あるいはある程度長い時間を経ても態度を変えることがない（持続性がある）のであればそれは強い態度といえる。一方、抵抗性がないあるいは持続性がないのであればそれは弱い態度ということになる。

　行動との関係では、態度が強ければ強いほど、その態度に対するアクセスビリティ*が高まるので、態度は行動に影響を及ぼしやすくなり両者の一貫性は高くなる。またこの態度の強度は、態度の極度（attitude extremity）、態度の確信度（attitude certainty）、そして個人的経験（personal experience）から影響を受ける（Petty & Krosnick, 1995; 図5-4参照）。態度の極度とは、対象に対してどれだけ好意的（あるいは非好意的）かという程度のことである。態度が好意あるいは非好意の極に近いほど行動と結びつきやすいと考えられる。例えば、チーズケーキが大好きな人はケーキ屋に立ち寄ったときに数あるケーキの中からチーズケーキを選んで買うが、反対に大嫌いという人はわざわ

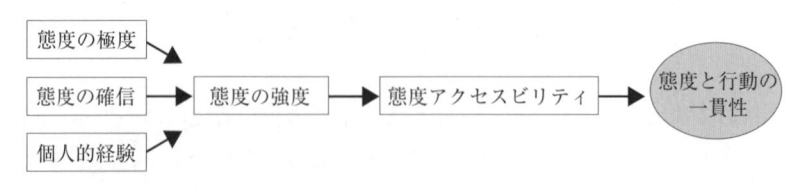

図5-4　"態度の強度"と"態度と強度の一貫性"の関連

ざチーズケーキを選んで買うことはない。またどちらかというと好きという程度の人は、他に気に入ったケーキがあればそちらを選んで買ってしまうであろう。

これに対して態度の確信度は、態度の明確さと正確さの2つの要素から成る。前者は自分の態度がどうであるのか、つまり"とても好き"とか"少し嫌い"ということが自分自身で明快にわかっている程度のことである。一方、後者は自分の態度がどの程度妥当あるいは適切であるのか、それを感じている程度のことである。いずれにせよ態度の確信度が高いほど、態度は強いものになるので、行動との一貫性も高まる。例えば、ある奇抜なデザインの服が気に入ったが、自分だけの判断ではそれが良いとは確信が持てず、そのような場合は買うのを躊躇しがちになる。しかし、友人の何人かがその服を良いといってくれて態度の確信度が高まれば、購入につながりやすくなるのである。

そして、個人的な経験とは、あることを直接的に経験しているか、間接的にしか経験していないか、あるいはまったく経験していないかという経験の直接性のことを指す。一般的に、経験していないよりは経験している方が、間接的よりも直接的に経験した態度の方がその強度は強く、行動との結びつきも強くなる。例えば、自分が直接、試打をして良い打球感を得たテニスラケットと、店頭で店員から間接的に打球感が良いことの説明を受けたテニスラケットを比べた場合、多くの場合、前者での方が後者よりもそのラケットに対する態度は強く、それを買う可能性も高くなる。

2) 社会的要因の影響

態度の強度は、態度と行動の一貫性に影響を与える個人的要因の一つとして捉えられるが、この一貫性は社会的要因によっても大きな影響を受ける。例えば、あなたはパソコンを買おうとしている。パソコンの性能についてはあまり詳しくないあなたは、メーカーの有名さやデザインのよさからA社のXが気に入っており、一人で買いに行けばそのままその製品を買うところであった。しかし、パソコンに詳しい友人と買いに行ったことで、当初は

全然考えていなかったB社のYを勧められた。あなたはそのとき、自分がお気に入りの製品を買うであろうか。このように他者が存在することで、私たちは態度とは乖離した行動をとることがしばしばある。

しかし、私たちはこうした他者影響を誰からも一様に受けているわけではない。パソコンに詳しくない別の友人の勧めであれば、あなたは自分の気に入った製品をそのまま買ったかもしれない。社会心理学では社会的インパクト理論（Latané, 1981）として、他者存在の影響の大きさが次のような要因によって規定されることが示されている。つまり、個人が受ける社会的インパクト（Imp）は、その影響源である他者の強度（S：地位や社会的勢力）、他者との直接性（I：空間的・時間的接近）、他者の人数（N）の相乗関数、すなわち $Imp=f(S \times I \times N)$ で定義されるというわけである。

3）合理的思考と態度 - 行動の一貫性

私たちがものを買うか買わないかを決める際には、単にそのものが好きか嫌いかという態度だけに規定されているであろうか。ものに対する態度と購買行動が必ずしも一致しないことを説明しうる理論の一つに、アイゼンとフィッシュバインの合理的行為理論がある（Ajzen & Fishbein, 1980）。彼らの理論では、行動に直接、影響を与えるのは行動意図、つまりその行動をするかしないかの意思であるのだが、この決定に至るまでには大きく2つの思考過程が介在する。一つはその行動をとることが良いか悪いかの自分自身の判断（行動に対する態度）である。自分自身が高カロリー食品を摂ることを良いと思っているか悪いと思っているかによって、それを摂るか摂らないかの意思が影響を受ける。そしてもう一つがその行動をとることで周囲からどのようにみられるかの判断（主観的規範）である。周囲の人は自分が高カロリー食品を摂ることをどのようにみているのかの判断によって、やはりそれが行動意図に影響を与える。さらにこの合理的行為理論を拡張した計画行動理論（Ajzen, 1991）では、これら2つの思考過程に加えて、自分がその行動をコントロールできるか否かの判断（知覚された行動制御）、つまり高カロリー食品を摂ること／摂らないことをコントロールできるかの判断によって、行動意図

が影響を受けることを示している。このようにいくつかの思考過程を介して行動意図が決定されるために、単にそのものが好きか嫌いかという態度が必ずしも直接的に行動に結びつかないのである。なお、ここで焦点化されているのは顕在的態度であり、潜在的態度と行動との関係については次に紹介する。

4）自動的処理と態度－行動の一貫性

　上述のよう合理的思考に基づく行動は、十分に考える時間や機会がある場合には確かに可能であるが、私たちは日頃、即座にその状況に反応し行動を起こしていることの方が多い。後者のような自動的処理が行われている場合でさえ態度は行動に影響を及ぼしていると考えられており、その一つのモデルが態度による行動誘発モデル（attitude-to-behavior process model）である（Fazio & Roskos-Ewoldsen, 1994）。このモデルによると、特定の状況はその人のある特定の態度を活性化すると同時に、そのような状況でどのように行動することが適切なのか貯蔵されていた知識を活性化する。これらの活性化された態度と貯蔵知識が、その場における行動を自動的に誘発するのである。

　具体的には、あなたが深夜テレビを何気なく眺めていたときに、テレビショッピングの番組が始まり、季節のある特産物の紹介を目にしたとする。そして、あなたは番組が始まってすぐにそれを注文してしまったのである。ここでの行動は自動的処理の結果なので、あなた自身はその処理過程を知覚するわけではないが、あえてその過程をモデルに沿って記述するとこうなる。つまり、テレビでの紹介を見てその特産物へのアクセスビリティが高まり（態度の活性化、この場合「好き」「食べたい」という態度が高まり）、また以前にこうしたテレビショッピング番組で注文し損ねて結局、後悔したという過去の知識も活性化され（貯蔵知識の活性化）、今回はすぐにその特産物の注文を行ったのである。このように潜在的に態度や貯蔵知識が活性化してそれが行動に影響を及ぼすのであれば、たまたまその状況で活性化された潜在的態度が顕在的態度と一致しないような場合には、意識上の態度と実際の行動は一致しなくなるのである。

本章では、消費者行動に大きな影響を及ぼす態度について、その概念整理から始まり、こうした態度がいかに形成され変容するのか、また、態度と行動がどのような要因で一致しやすくなったり、乖離しやすくなったりするのかを具体的な事例を交えつつ紹介した。本章で紹介した内容を踏まえれば、消費者行動を理解する上で態度は欠かせない構成概念であり、今後も消費者行動研究の中で重視され続けるトピックといえるであろう。

用語解説

ヒューリスティックス：人が意思決定や判断を下す際には、合理的思考に基づいて論理的に答えに迫る方法があるが、これとは別に直感で素早く解に到達する方法のこと。簡便法。不確実な状況下では人はこの方法をとりがちになる。

態度アクセシビリティ：記憶上のある対象に対する態度が活性化されて、その態度が利用されやすくなる可能性のこと。態度へのアクセシビリティが高まることで、それに応じた行動がより出現しやすくなる。

トピック：消費者の態度変容のための戦略的技法

　あなたは、最初はそれほど買う気がなかったものを、店員とのやりとりをしているうちに何となく買わなくてはいけない状況に追い込まれ、結局、何だか断りにくくなってその商品を買ってしまったということはないだろうか。実は何回かにわたる接触や持続的な交渉場面で、効力を発揮する技法が存在するのである。もしかしたら、あなたはその戦略的技法によって、買う気にさせられたのかもしれない。以下、こうした消費者の態度変容を導く代表的な4つの戦略的技法を紹介しよう。

　① フット・イン・ザ・ドア・テクニック（段階的依頼法）：　この技法では、まず初めに相手が承諾してくれそうな小さな要求をして実際に承諾を導き、次にそれよりも大きな要求（こちらが最初から承諾してもらいたかった本命の要求）をしてそれを受け入れさせる。これはセールスマンが、片足をドアに入れてしまえば（小さな要求を飲ませてしまえば）、本命の商品を売った（大き

な要求を承諾させた）も同然だというところからきている。店頭で、「まあタダだから食べて」と試食をして話を聞いたばっかりに、「1個だけでも買っていって」というセリフにやられた人も多いのではないだろうか。安易にコミットメントを持つと、そこからなかなか抜け出せなくなることを肝に銘じておかなければならない。

② ドア・イン・ザ・フェイス・テクニック（譲歩的依頼法）： これはフット・イン・ザ・ドア・テクニックとは逆に、承諾してもらえそうにない大きな要求をわざと先にして、相手にいったん断らせておいてから、次に譲歩するかたちで小さな本命の要求を承諾させるものである。ドア・イン・ザ・フェイスとは、セールスマンが顔の前でドアを閉められ、いったん断られる様子を示している。値段交渉の席で、高額な値段をふっかけられていったん買うのを断るが、相手から次に下げた値段の呈示を受けると、「それならまあいいか」と思って交渉に応じたことはないだろうか。売り手も買い手もある意味この技法を用いているといえるが、そこには「譲歩の返報性」の原理がはたらいている。つまり、相手が値段を下げて譲歩してくれたのなら、こちらも要求の水準を下げて相手に譲歩して折り合いをつけようとしているのである。最初に呈示を受けた値段より安く買うことができたので、買い物上手と得意になっているかもしれないが、実はまんまと相手の術中にはまっているのかもしれない。

③ ロー・ボール・テクニック（特典除去法）： これは相手にとって魅力的な条件や特典をつけて承諾を引き出しておいてから、その後にそれらの条件や特典の一部または全部を取り下げるという技法である。ロー・ボールとは、相手が取りやすい低いボールを投げて受け取らせるという意味が込められている。「食事つき、自由に入る日程を決められる」というバイトがあったら、あなたは喜んでそれを引き受けるだろう。しかしそのバイトを引き受けた後になって、「お客さんに出すものが余ったときは食事つき、入る日程は固定だが空きがある範囲では自由に決められる」と条件が変えられたとき、あなたはそのバイトを断ることができるであろうか。これもフット・イン・ザ・ドア・テクニックと同様に、人が一度コミットメントを持つとそこからなかなか抜け出せないことを利用した巧みな技法である。

④ ザッツ・ノット・オール・テクニック（特典付加法）： これはロー・ボール・テクニックとは逆に、買おうかどうか決めかねているときに、何らかの魅力的な特典をつけるという技法である。"ザッツ・ノット・オール"の英語そのまま「それだけじゃないよ」というおまけ商法である。この最たる例が、

テレビショッピングでの「今ならこのパソコンに、プリンタ、デジタルカメラ、無線 LAN ルータがついています」であろう。特典はものが付加されることだけでなく、値引きというかたちであってもいい。この特典が自分だけということになれば、なおさら人は購買意欲をそそられることであろう。「仕方がないもう負けたよ。あなただけ特別に割引しときますよ」なんていわれて買わされているのは「あなただけ」ではないのでご安心を。

第6章
消費者の意思決定 I

★章のねらい★

　この章では、消費者の行う意思決定について、どのように記述され、どのような理論的展開がされているのかを、意思決定論の観点から説明する。まず、消費者の意思決定を研究することはどのような意義があるのかについて説明し、次に、消費者の意思決定を取り巻く不確実な環境から分類し、確実性下、リスク下、不確実性下の意思決定について説明する。続いて、意思決定理論の中でも代表的な期待効用理論の考え方について説明を行い、最後に、この期待効用理論では説明できない現象を説明するプロスペクト理論について説明を行う。

1　消費者の意思決定とは

　消費者は、さまざまな場面で意思決定（decision making）をしている。ここで、意思決定とは、複数の選択肢の中から、一つあるいはいくつかの選択肢を選んでいくことである。例えば、消費者は、どの地域で購買をするか（購買地域の選択）、あるいは、どの店舗で購買をするか（店舗選択）、どの製品を購買するか（製品選択）、どのブランドを購買するか（ブランド選択）などの意思決定をしている。

　消費者の意思決定研究は、以下のような目的のためになされている。

1）マーケティング

　第一に、生産者（企業や公共組織）が行うマーケティング活動に貢献することが期待されている。マーケティングでは、第1章でも解説されているように、(1)製品（product）、(2)価格（price）、(3)流通（place あるいは distribution）、(4)プロモーション（promotion）などの側面から、総合的にマーケティング戦略を構築しているが（Kotler & Armstrong, 1997; 杉本, 1997b）、これらの戦略の実施において、消費者の意思決定研究の知見を活用することは非常に重要である（竹村, 2000）。

2）消費者保護

　第二には、消費者の意思決定研究は、消費者のためにも役に立つことが期待されている（竹村, 2000）。1955年の森永砒素ミルク事件や1962年のサリドマイドやスモンの薬害などのように、消費者の購入した商品が甚大な健康被害を招く事例が戦後発生し、また、それ以降も企業の欠陥製品や事故による健康被害やいわゆる悪徳商法などによる金銭的被害が後を絶たない（西村, 1999）。このような被害のリスクから消費者を保護し、消費者の諸権利を守るためのコミュニケーションや消費者教育のために、消費者の意思決定研究の知見が役立つことが期待されている。

3）社会経済現象の解明

　第三には、消費者の意思決定研究の知見をもとにして、社会経済現象を解明し、社会政策への示唆を行うことが期待されている。経済学における効用理論に代表される意思決定理論は、社会経済現象を解明するために用いられるが、近年、実際の消費者の意思決定の研究知見を取り入れて、社会経済現象の解明を行おうという動きが出てきている。経済学の中でも、「合理的経済人」*を必ずしも仮定しない、行動経済学*（behavioral economics）、実験経済学（experimental economics）という分野ができ、実際の人々の行動の観察をもとに、経済理論を考える人々が増えてきている。これらの動きは、1978年のノーベル経済学賞のサイモン（Simon, H. A.）、2002年同賞受賞者のカーネ

マン（Kahneman, D.）らの研究にもすでに現れている。

2　消費者の意思決定を捉える意思決定論的枠組み

　店舗でパソコンを購入する場面を想定してみよう。消費者は、店頭やカタログで、価格、パソコンの性能、ソフト、デザインなど複数の点にわたって考慮をしながら購買の意思決定をする。このような複数の属性の情報を検討してなされる決定を多属性意思決定（multiattribute decision making）と呼ぶ。多属性意思決定では、複数の情報を探索して意思決定すると考えられる。消費者の意思決定の多くは、多属性意思決定になる。

　また、意思決定を、意思決定者を取り巻く環境についてその意思決定者がどれだけ知っているかという意思決定環境の知識の性質から分類すると、図6-1に示したように、以下の3つに大別できる。

1）確実性下の意思決定

　第一は、確実性下の意思決定（decision making under certainty）であり、選択肢を選んだことによる結果が確実に決まってくるような状況での意思決定である。例えば、青森産のりんごを5個と1000円分の商品券をもらうのとどちらが良いかを決めるような状況は、確実性下での意思決定になる。ある

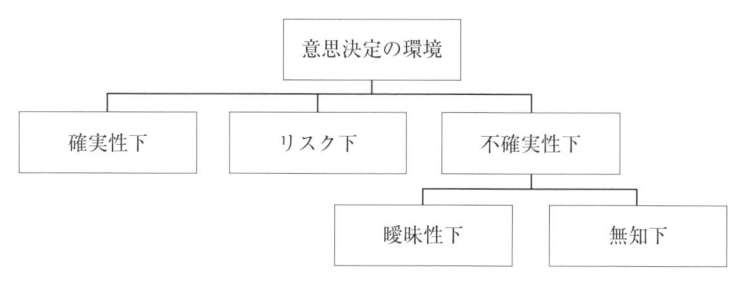

図6-1　さまざまな環境における意思決定の分類
出所：竹村（2009a）。

いは、コカ・コーラかペプシコーラを選ぶというのも、確実性下の意思決定である。

2）リスク下の意思決定

　第二は、リスク下の意思決定（decision making under risk）である。リスクというのは、心理学の分野やリスク分析学の立場では、「危険性」や「損害」というようなより広い意味を持っているが、意思決定研究の文脈では、選択肢を採択したことによる結果が既知の確率で生じる状況を指す。例えば、アイスクリーム屋がアイスクリームを販売することに関わる意思決定を考えてみよう。消費者のアイスクリームの購入意図は、天候に依存する。夏の晴れた日であれば、消費者はたくさん購入するが、雨だったりすると、あまり購入しなくなる。そうすると、そのアイスクリーム屋が生産の準備のために購入する原材料の量は、天候に依存することになる。この原材料の購入意思決

表6-1　リスク下の意思決定における状態と選択肢と結果の例

Θ：状態 \\ A：選択肢	θ_1：雨	θ_2：曇り	θ_3：晴れ
a_1：原材料を100単位購入する	100万円損する	損も得もしない	100万円得する
a_2：原材料を50単位購入する	50万円損する	損も得もしない	50万円得する
a_3：原材料を10単位購入する	10万円損する	損も得もしない	10万円得する

表6-2　リスク下の意思決定における結果の確率分布の例

X：結果 \\ A：選択肢	x_1：100万円損する	x_2：50万円損する	x_3：10万円損する	x_4：損も得もしない	x_5：10万円得する	x_6：50万円得する	x_7：100万円得する
a_1：原材料を100単位購入する	確率：0.2	確率：0.0	確率：0.0	確率：0.5	確率：0.0	確率：0.0	確率：0.3
a_2：原材料を50単位購入する	確率：0.0	確率：0.2	確率：0.0	確率：0.5	確率：0.0	確率：0.3	確率：0.0
a_3：原材料を10単位購入する	確率：0.0	確率：0.0	確率：0.2	確率：0.5	確率：0.3	確率：0.0	確率：0.0

定は、リスク下の意思決定になる。この場合、天候が雨であるのに、たくさんの原材料を購入すると損をするが、晴れのときに原材料をたくさん購入すると利益が大きい。このように、選択肢を採択したことによる結果は天候の状態に依存すると考えることができる（表6-1）。天候の、雨、晴れ、曇りなどの確率を知ることができると考えると、リスク下の意思決定になる。

ここで、雨の確率を0.2、曇りの確率を0.5、晴れの確率を0.3とすると、表6-2のようになる。この表6-2をみるとわかるように、原材料購入についてのリスク下の意思決定は、どんな確率分布を選ぶかということにかかってくることがわかる。結局、リスク下の意思決定は、状態の確率分布のあり方に対する選好の仕方によって決まってくるのである。

3）不確実性下の意思決定

最後に、第三は、不確実性下の意思決定（decision making under uncertainty）である。ここでいう不確実性下とは、選択肢を採択したことによる結果の確率が既知でない状況をいう。この不確実性下の意思決定は、以下のように下位分類することができる（竹村, 2009b）。まず、第一が曖昧性（ambiguity）の下における意思決定である。曖昧性とは、どのような状態や結果が出現するかはわかっているが、状態や結果の出現確率がわからない状況をいう。状態と結果の対応が表6-1のように定まっていても、雨か、晴れか曇りかの状態の出現確率がわからないような場合は、曖昧性下の意思決定になる。これを表6-2のような表で示すと、表6-3のようになる。このように、曖昧性下の意思決定では、選択肢と、状態が生じたときの結果のあり方については明らかであるが、状態の出現確率が既知でない状態なのである。

曖昧性下の意思決定の場合は、確率を数値で表現できないが、「多分高い」、「結構低い」、「まあまあ」というように言語で表現されることもあるのである。実際、自然科学のトレーニングを受けた天気予報の専門家であっても、確率を数値表現するよりも、言語表現を用いて確率を表現する傾向があることがわかっている（竹村, 1996a, 2009a）。さらには、不確実性を仮に数値で表現できたとしても、確率のように加法性を満たさない測度（例えば、可能性測

表 6-3　曖昧性下の意思決定における結果の確率分布の例

A：選択肢 \ X：結果	x_1：100万円損する	x_2：50万円損する	x_3：10万円損する	x_4：損も得もしない	x_5：10万円得する	x_6：50万円得する	x_7：100万円得する
a_1：原材料を100単位購入する	確率：？	確率：？	確率：？	確率：？	確率：？	確率：？	確率：？
a_2：原材料を50単位購入する	確率：？	確率：？	確率：？	確率：？	確率：？	確率：？	確率：？
a_3：原材料を10単位購入する	確率：？	確率：？	確率：？	確率：？	確率：？	確率：？	確率：？

度、デンプスター＝シェーファー測度、非加法的確率*など）も考えることができるのである（Smithson, 1989; Takemura, 2000）。

　不確実性下の意思決定の第二が、状態の集合の要素や結果の集合の要素が既知でない場合になる、無知下の意思決定（decision making under ignorance）である（Smithson, 1989; Smithson et al., 2000）。例えば、アイスクリームの原材料をある単位購入すると、どのような状態が生じ、どのような結果が出現するかその可能性すらもわからないような状況である。すなわち、集合の表記を行うと、状態の集合 Θ の要素 θ_k が何なのか、さらには、結果の集合 X の要素 x_i が何なのかよくわからない状況である。

　無知下の意思決定には、どんな選択肢の範囲があるのか、どんな状態が可能性としてありうるのか、どんな結果の範囲があるのか、よくわからない状況での意思決定もある。

　消費者の意思決定を考えるとき、曖昧性下や無知下などの不確実性下の意思決定で表現されることが多いと考えられる。しかし、不確実性下の意思決定を表現することは、理論的には複雑で難しいので、リスク下の意思決定の枠組みで、近似的に捉えることが実際には多い。

　無知下の意思決定には、どんな選択肢の範囲があるのか、どんな状態が可能性としてありうるのか、どんな結果の範囲があるのか、よくわからない状況での意思決定もある。

　消費者の意思決定を考えるとき、曖昧性下や無知下などの不確実性下の意

思決定で表現されることが多いと考えられる。しかし、不確実性下の意思決定を表現することは、理論的には複雑で難しいので、リスク下の意思決定の枠組みで、近似的に捉えることが実際には多い。

3　消費者の意思決定と期待値

1）消費者の意思決定における期待値

　リスク下の意思決定の理論的枠組みにおいて、最も古くから考えられているやり方は、期待値（EV：Expected Valve）を求める方法である。例えば、前の節の表6-1、表6-2のリスク下の意思決定の期待値を求めてみよう。
　原材料を100単位購入するという選択肢 a_1 を選ぶことの期待値（EVa_1）は、

$$EVa_1 = (-100万円 \times 0.2) + (-50万円 \times 0.0) + (-10万円 \times 0.0) + (0円 \times 0.5) + (10万円 \times 0.0) + (50万円 \times 0.0) + (100万円 \times 0.3)$$
$$= -20万円 + 30万円 = 10万円$$

となる。
　また、原材料を50単位購入するという選択肢 a_2 を選ぶことの期待値（EVa_2）は、

$$EVa_2 = (-100万円 \times 0.0) + (-50万円 \times 0.2) + (-10万円 \times 0.0) + (0円 \times 0.5) + (10万円 \times 0.0) + (50万円 \times 0.3) + (100万円 \times 0.0)$$
$$= -10万円 + 15万円 = 5万円$$

となる。
　最後に、原材料を10単位購入するという選択肢 a_3 を選ぶことの期待値（EVa_3）は、

$$EVa_3 = (-100万円 \times 0.0) + (-50万円 \times 0.0) + (-10万円 \times 0.2) + (0円 \times 0.5) + (10万円 \times 0.3) + (50万円 \times 0.0) + (100万円 \times 0.0)$$
$$= -2万円 + 3万円 = 1万円$$

となる。
　このように、期待値を求めると、原材料を100単位購入するという選択肢

が最も期待値が高くなるので、この選択肢 a_1 を選ぶことが最も合理的であるように思われる。しかし、本当にそのような期待値を最大化する意思決定は消費者にとって合理的なのであろうか。

2) サンクトペテルブルク・パラドックスと期待値の問題

実は、この期待値を最大化して意思決定することは、ある状況では認めがたい意思決定になるということが、18世紀初頭にベルヌーイ（Bernoulli, N.）によって提起されたといわれている。これは、サンクトペテルブルクのパラドックスと呼ばれている。このパラドックスは、下記のようなものである（田村他, 1997）。すなわち、「表と裏の出る確率が各々2分の1の金貨を、表が出るまで投げ続け、n 回目に初めて表が出たときには 2^n 円がもらえる。このゲームに参加するのに、いくらまでなら支払ってもよいか」という問題である（ここでは金額の単位を円に直している）。

このゲームに参加したときの期待値は、試行を無限回すると仮定すると、

$$EV = \sum_{i=1}^{\infty} 2^i 2^{-i} = 2(1/2) + 4(1/4) + 8(1/8) + 16(1/16) + \cdots\cdots$$

$$= 1 + 1 + 1 + 1 + \cdots\cdots = \infty$$

となって、賞金がどんな有限な参加費をも上回ってしまうことになる。「どんな有限な参加費」というのはどういうことかというと、100万円出しても1億円出してもよいことを意味しており、そのような金額ですら期待値より小さいということになる。しかし、このような期待値の証明を十分理解し納得したとしても多くの人々は、せいぜい10円程度しか参加費として出そうとしない。これまでに、高校生、文科系や理工系の大学や大学院の学生、会社員など、いろいろな人にどのくらいまでならこのゲームに支払ってもよいかのアンケートをしたことがあったが、ほとんどの人々は10円以下であると答えていた。このような人々の直観は、期待値の考え方と明らかに矛盾するのである。また、人々のこのような直観は、数学的期待値とどうしても矛盾するので、パラドックスと呼ばれているのである。また、サンクトペテルブルクのパラドックスと呼ばれる理由は、この問題が提案された後の1738

年にこの問題に対する一つの回答を与えた従弟のベルヌーイ（Bernoulli, D.）が働いていた、ロシアのサンクトペテルブルクという地名に由来している。

4 期待効用理論

1）ベルヌーイの対数効用関数

ベルヌーイは、図6-2に示した対数関数の効用 $u(2^n) = \log(2^n)$ の期待値である、期待効用（EU：Expected Utility）を考えて、この期待効用をもとに人々が意思決定をするとした。したがって、この対数関数で表現される効用の期待値は下記のようになる。

$$EU = \sum_{i=1}^{\infty} \log(2^i) \cdot 2^{-i} = \log(2) \sum_{i=1}^{\infty} i/2^{-i}$$
$$= \log 2 (1/2 + 2/4 + 3/8 + 4/16 + \cdots\cdots)$$
$$= \log 4$$

このように、期待効用が $\log 4$ となることになり、この $\log 4$ を与える確実な金額として4円が妥当なこのギャンブルの参加費の金額ということにな

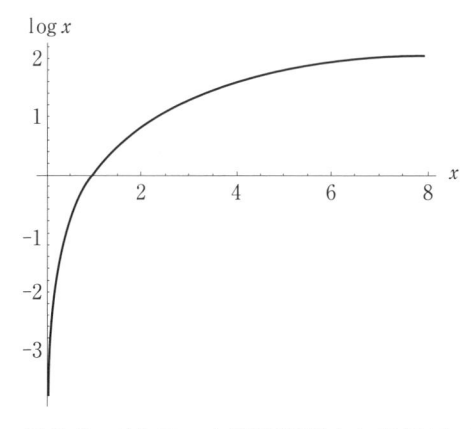

図6-2　ベルヌーイが効用関数として仮定した対数関数

る。ベルヌーイは、このような対数効用関数の期待値を考えることによって、パラドックスが解消するとしたのである。

2）限界効用逓減とリスク回避

　図6-2に示された対数関数で表現される効用関数は、大きな金額になればなるほど、効用の増加率が少なくなるという「限界効用の逓減」の性質を示している。これは、例えば、対数関数の底を e として（すなわち、$u(x) = \log_e x$）、この効用関数の導関数を求めると、$u'(x)=1/x$ となり、x が増加するほど $u'(x)$ の値が小さくなることからも明らかである。

　また、このような対数効用関数は、リスク回避的（risk aversive）な意思決定を意味している。リスク回避的というのは、同じ期待値であっても、確実な選択肢をギャンブルのある選択肢よりも好むという性質である。なぜ、対数効用関数がリスク回避的であるかということを、$u(x)=\log_e x$ として説明してみよう。ここで確実に10500円もらえる選択肢Aと、50％の確率で2万円もらえるが50％の確率で1000円しかもらえないギャンブルの選択肢Bがあるとする。期待値はどちらも10500円であり、同じである。しかし、期待効用は選択肢Aの場合は、

　　　$EU_A = u(10500) = \log_e 10500 ≒ 9.26$

　選択肢Bの場合は、

　　　$EU_B = 1/2・u(20000) + 1/2・u(1000)$
　　　　　$= 1/2・\log_e 20000 + 1/2・\log_e 1000$
　　　　　$≒ 1/2・9.90 + 1/2・6.91$
　　　　　$≒ 8.41$
　　　　　$< EU_A$

となっており、確実な選択肢の効用のほうが高くなってしまう。一般に、効用関数の傾きがだんだん減少するような下に凹な効用関数（凹関数）は、リスク回避的（risk aversive）な意思決定を導き、逆に効用関数の傾きがどんどん増加するような下に凸な効用関数（凸関数）は、リスク志向的（risk seeking）な意思決定を導く。

3）期待効用理論と精神物理学

ベルヌーイによって考案された期待効用理論は、リスク下における意思決定理論の代表的なものである。リスク下における意思決定は、期待効用という効用の期待値の考え方で説明されるが、例えば、傘を持って出かけることの効用（EU）を考えてみると、以下のようになる。

EU（傘を持って出かけること）＝ p_1（雨が降る）・u_1（雨のときに傘を持って出かけること）＋ p_2（雨が降らない）・u_2（雨の降らないときに傘を持って出かけること）

ここで、p_1, p_2 は確率であり、確率の公理により、$p_1 + p_2 = 1$ である。このようにリスク下での意思決定において、効用の期待値を考える理論を期待効用理論（expected utility theory）と呼んでおり、とくに、確率に主観確率を仮定しているものを主観的期待効用理論（subjective expected utility theory）と呼んでいる。

ベルヌーイによって示された対数効用関数は、第3章でも取り上げたフェヒナーの精神物理法則と同じ数式で表現できる。フェヒナーは、ベルヌーイの後の時代の人間であるが、金額への効用の問題を、感覚量に一般化し、実験心理学的測定の方法を確立した。ベルヌーイの仮定したような効用関数にみられる限界効用逓減の性質を、感覚一般においてもフェヒナーは仮定していることになる。

5　プロスペクト理論

1）非線形効用理論としてのプロスペクト理論

期待効用理論の体系は、経済学などの社会科学においては、かなり中心的な意思決定理論として認められているが、必ずしもすべての意思決定を説明できるわけではない（竹村, 2009a, b）。近年では、期待効用理論の体系を拡張した非線形効用理論（nonlinear utility theory：Fishburn, 1988; Edwards, 1992）や一般化期待効用理論（generalized expected utility theory：Quiggin, 1993）と呼ばれる

理論体系で意思決定を説明しようという試みがなされている。特に、カーネマンとトヴェルスキー (Kahneman & Tversky, 1979; Tversky & Kahneman, 1992) によって提唱されたプロスペクト理論 (prospect theory) は、行動意思決定理論のこれまでの知見と非線形効用理論（あるいは一般化期待効用理論）の知見を総合した理論である。

プロスペクト理論は、当初はリスク下の意思決定を扱う記述的理論として提案されたが (Kahneman & Tversky, 1979)、後に、不確実性下の意思決定も説明できる理論に発展させられている (Tversky & Kahneman, 1992)。

2）プロスペクトと意思決定

プロスペクト理論の「プロスペクト」とは、ある選択肢を採択した場合の諸結果とそれに対応する確率の組み合わせであり、リスク下の意思決定では「ギャンブル」と同じである。リスク下の意思決定では、いくつかのプロスペクトの中から望ましいプロスペクトを選択することになる。すなわち、生起する結果の集合 $X = \{x_1, \ldots, x_j, \ldots, x_m\}$ を考え、X 上の確率分布 $p_1 = [p_{11}, p_{12}, \ldots, p_{1m}]$, $p_2 = [p_{21}, p_{22}, \ldots, p_{2m}]$, $\ldots$, $p_l = [p_{l1}, p_{l2}, \ldots, p_{lm}]$ のどれを選ぶかという問題に置き換えることができる。このとき、一つのプロスペクトは、$(x_1, p_{11} ; \ldots, x_j, p_{1j} ; \ldots, x_m, p_{mj})$ のように表現される。プロスペクト理論では、このプロスペクトが、期待効用理論とは異なる仕方で評価されることを仮定する。

3）プロスペクト理論における意思決定段階

プロスペクト理論では、意思決定過程は、問題を認識し、意思決定の枠組みを決める編集段階 (editing phase) と、その問題認識にしたがって選択肢の評価を行う評価段階 (evaluation phase) とに分かれる (Kahneman & Tversky, 1979)。前者の段階は、状況依存的であり少しの言語的表現の相違などによっても変化するが、後者の段階では、ひとたび問題が同定されると状況に依存しない評価と意思決定がなされることになる。

(1) 編集段階

　編集段階は、選択肢を認知的に再構成する段階であり、きわめて心理的な同じ意思決定問題であっても、わずかの言語的表現の相違などによってフレーミングのされ方が変わってしまって、その問題の認識が異なってしまうのである。編集過程では、①コーディング（coding）、②結合化（combination）、③分離化（segregation）、④相殺化（cancellation）、⑤単純化（simplication）、⑥優越性の検出（detection of dominance）の心的操作がなされる。

　①　コーディング（coding）：　結果を、利得（gain）と損失（loss）のいずれかに分ける心的操作がなされる。例えば、いつも時給800円でアルバイトをしていた人が、急に時給が900円になると「利得」であると把握されるが、時給が700円になると「損失」であると把握されるようなケースである。この場合、通常の時給は、参照点（reference point）として機能する。

　②　結合化（combination）：　同じ利得が結合して単純化される操作である。例えば、200ドルが得られる確率が0.25であり、200ドルが得られる確率が0.25のプロスペクト（200, 0.25；200, 0.25）は、200ドルが得られる確率が0.50のプロスペクト（200, 0.50）と編集される。

　③　分離化（segregation）：　確実な利得部分と危険な利得部分が分離される操作である。例えば、300ドルが0.80の確率でもらえ200ドルが0.20の確率でもらえるプロスペクト（300, 0.80；200, 0.20）は、200ドルが確実にもらえるプロスペクト（200, 1.00）と100ドルが0.80の確率でもらえるプロスペクト（100, 0.80）に分離される場合である。

　④　相殺化（cancellation）：　2つのプロスペクトを比較する場合、共通する要素は無視して把握されることである。例えば、プロスペクト（200, 0.20；100, 0.50；−50, 0.30）とプロスペクト（200, 0.20；150, 0.50；−100, 0.30）は、プロスペクト（100, 0.50；−50, 0.30）とプロスペクト（150, 0.50；−100, 0.30）に還元されて把握される。

　⑤　単純化（simplication）：　結果やその確率を丸めて単純化してしまう操作である。例えば、プロスペクト（101, 0.49）を（100, 0.50）のように単純化して把握する場合である。

⑥ 優越性の検出（detection of dominance）： 優越する選択肢を検出するような心的操作である。例えば、プロスペクト（500, 0.20；101, 0.49）とプロスペクト（500, 0.15；99, 0.51）が、もし両方のプロスペクトの第2番目の要素が（100, 0.50）というふうに単純化されると、プロスペクト（500, 0.20）と（500, 0.15）との比較になり、前者が後者より優越される。優越性の検出は、優越性が検出されるように、単純化などがなされるようになる心的操作である。

(2) 評価段階

編集段階において各プロスペクトが再構成され、それらをもとにして評価段階では最も評価値の高いプロスペクトが選ばれる。このことについては、第2章でも扱われているが、さらに詳しく説明することにする。評価段階では、彼らが価値関数（value function）と呼ぶ一種の効用関数と確率への加重関数（weighting function）によって、評価されることになる。重要なことは、編集段階において、価値関数の原点である参照点が決まるということである。この評価段階における評価の仕方は、非線形効用理論におけるランク依存型

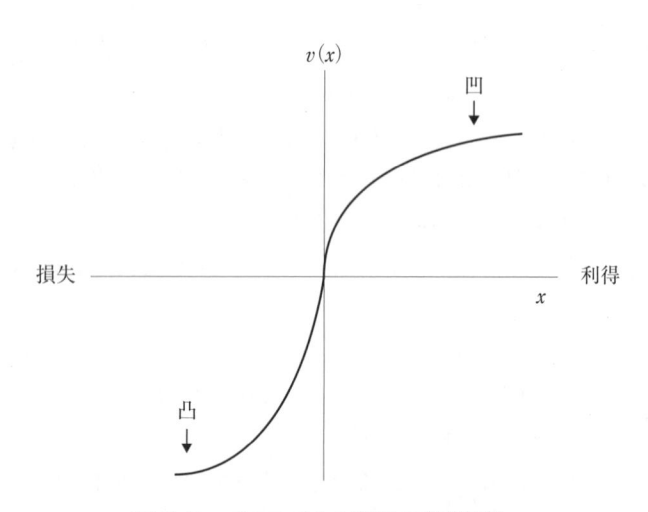

図6-3 プロスペクト理論の価値関数
出所：Kahneman & Tversky（1979）をもとに作図。

効用理論と基本的に同じである。

図6-3に示されているように、価値関数は、利得の領域では凹関数であるのでリスク回避的になり、損失の領域であれば凸関数であるのでリスク志向的になることがわかる。さらに、利得の領域より損失の領域の方が価値関数の傾きが一般に大きい。このことは、損失が利得よりも大きなインパクトを持つことを意味している。

4）プロスペクト理論の特徴

プロスペクト理論の特別な点は、効用理論の原点に相当するところが、参照点であり、意思決定問題の編集の仕方によって参照点が容易に移動することを仮定していることにある。プロスペクト理論では、結果の評価は心理学的な原点である参照点からの乖離量からなされ、意思決定者は利得あるいは損失のいずれかとして結果を評価することになる。さらにプロスペクト理論は、意思決定者が利得を評価する際にはリスク回避的になり、損失を評価す

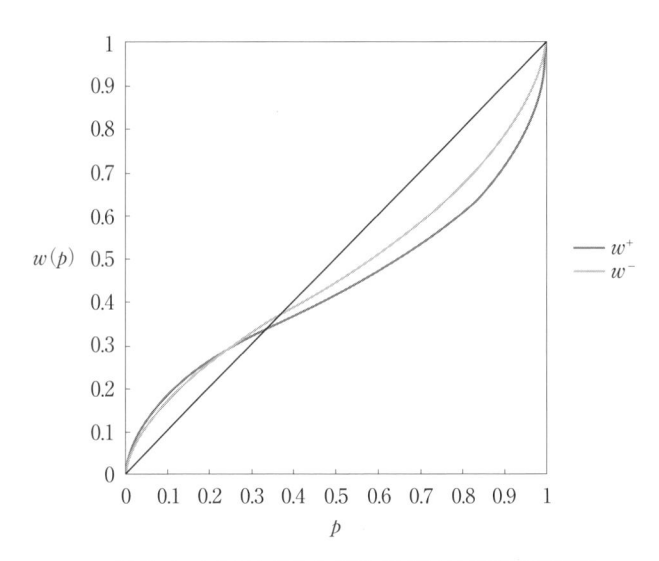

図6-4　プロスペクト理論における確率加重関数
出所：Kahneman & Tversky（1979）をもとに作図。

る際にはリスク志向的になるものと仮定する。参照点の移動により、同じ意思決定問題でも、利得の領域で選択肢を把握するとリスク回避的になり、損失の領域で選択肢を把握するとリスク志向的になる。

また、プロスペクト理論では、非加法的な確率加重関数は、$w(0)=0$、$w(1)=1$であるが、図6-4のような形状になっている（Tversky & Kahneman, 1992）。w^+は、利得に対する確率加重関数で、w^-は、損失に対する確率加重関数である。客観的確率をpとすると、この確率加重関数は、(1) $w(p)+w(1-p) \leq 1$という非単位和であり、(2)確率が非常に低い状況では確率を過大評価し、$w(p)>p$という関係が成立し、(3) $w(pq)/w(p) \leq w(pqr)/w(pr)$という非比例性を示し、(4)端点付近での非連続性を示す、というような定性的な特徴がある。

5) プロスペクト理論と消費者行動

プロスペクト理論からは、損失を受けるとリスク志向的になり、利得を得るとリスク回避的になることが予想される。このような効果を反射効果（reflection effect）という。実際の株式市場で、このような価値関数に基づく反射効果を示すと解釈される現象が観察されている。オディーン（Odean, 1998）は、株式売買データを分析したところ、利益が出ているときの株の保有期間は中央値で104日であったが、損失が出ているときの保有期間の中央値は124日であったと報告している。この結果は、投資家が、利益が出ているとリスク回避的になり株を早く売却し、損失が出ているとリスク志向的になり株を長く保有する傾向があると解釈することができる（Camerer, 2000）。このような投資行動のパターンは、ファイナンスの分野では、処分効果（disposition effect）として知られている（Sheflin & Statman, 1985；俊野, 2004）。この処分効果は、ファイナンスの分野だけでなく、住宅市場においても見出されている。すなわち、住宅の所有者が住宅価格の下降に伴って損をしているときは、家を売却しないで保有する期間が長くなってしまうという現象が報告されており、この現象は処分効果から説明されているのである（Camerer, 2000）。

また、プロスペクト理論の確率加重関数の性質から説明できる現象として

いくつかのものがある（Camerer, 2000；多田，2003）。まず、指摘できるのが、競馬の大穴バイアスである。セイラーとツィエンバ（Thaler & Ziemba, 1988）が報告しているように、勝つ確率がきわめて低い大穴の期待配当率は、本命馬に賭けるより相当悪いのだが、レース場で人々は大穴に好んで賭ける傾向がある。これは、確率が非常に低い状況では確率が過大評価されることを示す確率加重関数の性質から説明することができる。同様に、宝くじやロトに多くの人が参加するのも、確率加重関数の性質から説明することができる。さらに、この確率加重関数の性質によって、なぜ多くの人が保険に加入するのかということも説明ができる。例えば、電話線修理保険は、1ヶ月45セントであるが、修繕費は60ドルで修繕の期待費用は1ヶ月26セントにすぎない（Chiccheti & Dubin, 1994）。このようにプロスペクト理論によって、確率の低い事象のウェイトが大きくなると解釈することによって、保険加入の現象が説明できるのである。

さらに、最近、プロスペクト理論の価値関数や確率加重関数に関連する、脳部位も見出されており、このような神経経済学的な研究も盛んになってきている（Sanfey, 2007a, b；竹村他，2008；竹村，2009a, b）。

用語解説
合理的経済人：古典派の経済学において、仮定されている人間像であり、自己利益を最大化しようと選択、行動する人間である。しばしば、この経済人の概念は、行動経済学による人間行動の観察結果と異なると指摘されている。
行動経済学：行動経済学（behavioral economics）とは、古典派の経済学のように「合理的経済人」を仮定するのではなく、実際の人間の意思決定や経済行動を研究することを目的とした経済学である。
非加法的確率：非加法的確率は、確率のように加法性が成り立たない測度である。これには、ファジィ測度などが含まれる。ここでいう加法性とは、背反な事象の和集合の確率が、それぞれの事象の確率の和になっていることをいう。

トピック：行動意思決定論、神経経済学、ニューロマーケティング

　消費者行動研究は、人間の意思決定過程の記述を行う行動意思決定論（behavioral decision theory）という分野とも非常に重なりがあり、ベットマンらの情報処理論的パラダイムによる消費者意思決定研究も、行動意思決定論の一部として捉えることができる。近年では、消費者行動研究は、行動経済学だけでなく、神経経済学（neuroeconomics）という分野とも接点を持つようになっている。神経経済学は、心理学、経済学、神経科学を統合しようとする研究領域であり、種々の理論的アプローチや実験的方法を用いて人間の選択や意思決定のモデルとしてどれがふさわしいかを特定したり、意思決定現象の神経科学的基盤を明らかにしようとする研究分野である（Sanfey, 2007a, b；竹村他, 2008；竹村, 2009a, b）。また、マーケティングと神経経済学との融合領域の神経マーケティング（neuromarketing）という分野も現れている。

　神経経済学や神経マーケティングのような分野が進展してきた理由は、第一には、機能的核磁気共鳴画像装置（fMRI：図1参照）や陽電子放射断層撮影装置（PET）などの非侵襲的脳活動計測法が発展し、これらの装置で課題中の脳活動を推定することができるようになり（図2参照）、これまで心理学者や経済学者が行動実験のみで扱ってきた知見を神経科学者と協同で明らかにできる体制が整ったことが指摘できる。第二には、先に記したように、これまで経済学に仮定されてきた「合理的経済人」の人間モデルに、多くの経済学者や心理学者が疑いを持ち、実際の人間の意思決定行動を記述し、それを理論化するという行動意思決定論や行動経済学が発展してきたということが指摘できる。

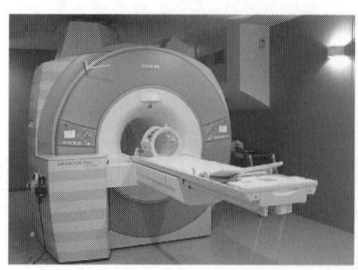

図1　fMRI装置（ATR脳活動イメージングセンタ）

図2　fMRIによる脳活動の表示例

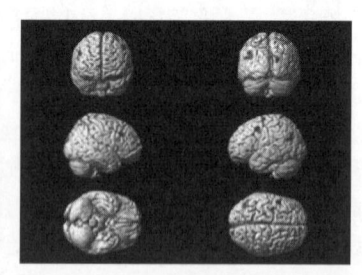

図1：http://www.baic.jp/equipment/fmri30_trio.html

第7章
消費者の意思決定 II

★章のねらい★

　消費者行動研究では、第6章で示したような意思決定の結果がどのようになるかということだけではなく、意思決定がどのような経過でなされていくかという意思決定プロセスの探究をその中心課題の一つにしている。この章では、消費者の意思決定のプロセスに焦点を当て、なぜ消費者の意思決定過程を分析する必要があるのかということをまず説明し、次に消費者の意思決定状況の分類である、ルーチン的選択状況、限定的問題解決状況、広範的問題解決状況について解説して、各状況における意思決定過程について説明する。また、問題状況の把握によるフレーミング効果や心理的財布などによる選択の逆転現象について説明する。最後に、意思決定における満足化原理、意思決定と情報探索の関係や意思決定の方略について説明して、これらの方略が実際の店舗内の意思決定においてどのように用いられているのかについての説明を行う。

1　期待効用理論やプロスペクト理論では説明できない意思決定

1）多属性意思決定問題での循環的な選好順序

　第6章では、消費者の意思決定理論として、期待効用理論やプロスペクト理論があることを説明した。プロスペクト理論は、期待効用理論を改良したものであり、消費者行動研究やマーケティング研究においてもよく用いられているが、次に示すような状況では、意思決定の予測ができなくなることがある。

表7-1 循環的選好順序をもたらすパソコンの購買意思決定の例

	ブランドA	ブランドB	ブランドC
価　　格	非常に望ましい	望ましい	あまり望ましくない
性　　能	望ましい	あまり望ましくない	非常に望ましい
デザイン	あまり望ましくない	非常に望ましい	望ましい

ブランドA＞ブランドB＞ブランドC＞ブランドA＞……　循環

　単純な例をもとに、このことを考えてみよう。表7-1に示されたようなパソコンの多属性意思決定（multi-attribute decision making）の問題を考えてみる。パソコンのブランドA、B、Cのうちのどれかを選ぶという購買意思決定で、消費者は、2つのブランドを比べてより望ましい属性の数が多い方を選んでいき、最後に残ったものを選ぶという決定の仕方を採用するとする。このような決め方はそれほど不自然なものではないし、どのような順序で選ぼうと最後に残る選択肢は不変であると思われるかもしれない。この決め方にしたがって、まずブランドAとBとを比較すると、ブランドAの方が価格と性能でブランドBより優れているのでブランドAが選ばれ、ブランドAとCとを比較するとブランドCの方が性能とデザインの点で優れているので最後にブランドCが残ることになる。しかし、ブランドBとCとの比較からはじめるとブランドBが残り、ブランドBとAとを比較すると、ブランドAが選ばれることになる。また、ブランドAとCとの比較からはじめると、最後にブランドBが選ばれることになる。このように、ブランドAがブランドBより選好され、ブランドBがブランドCより選好されるのに、ブランドAはブランドCより選好されるという推移性*（transitivity）を満たさず、CがAより選好されるという逆の関係になってしまうのである。

2）経路依存性による消費者意思決定の予測の困難性

　このような状況では、どのような順序で選択肢であるどのブランドに注目をしたかという情報が最終的な選択結果を予測することになる。上記の例は、あくまでも仮想的な状況にすぎないが、同じ意思決定の基準であっても、意

思決定過程においてどのような情報が処理されるかということを把握しないと選択結果の予測ができなくなることを示している。実際に、これまでの消費者行動の研究は、消費者の意思決定過程が経路依存的であることを示している（竹村, 2009a）。

また、期待効用理論の公理によると、弱順序*（weak order）という選好の性質を満たしていない場合は、効用関数は構成できない（竹村, 2009a）。推移性は弱順序の基本的特徴であるので（弱順序は、比較可能性*と推移性によって特徴づけられる）、非推移性によって選好の循環が生じるということは、期待効用理論から説明できない。さらには、このような選好の循環はプロスペクト理論からも説明できない。

消費者の意思決定において、どのような順序で選択肢についての情報が検討されていくかを知ることは、マーケティングにおいて有効である。例えば、表7-1のようなブランドが消費者に与えられたときに、ブランドの性能情報を本当に消費者は見たのか否かということや、価格を先に見たのかどうかというようなことは、広告コミュニケーションなどのマーケティング戦略をとる際に有用な情報になる。さらには、意思決定過程の各段階に影響を及ぼす要因が明らかになることによって意思決定の制御が可能になる。例えば、BGMなどの文脈情報が意思決定段階のどの時期においてより効果を発揮するのかがわかれば、マーケティング実務に役立つのである。

2　満足化原理と最大化原理

1）満足化原理と最大化原理の相違点

期待効用理論やプロスペクト理論においては、ある決定方式において効用あるいは価値が最大になる選択肢を採用することが仮定されている。期待効用理論の場合は、単純に確率と効用の積和になっているのに対し、プロスペクト理論では、単純な確率と効用の積和ではなく、ショケ積分という非線形な統合形式で総合的な価値を求めることを仮定しているが、いずれも効用や

価値を最大化する方式になっている。このような最大化の意思決定方式を、最大化原理（maximizing principle）による意思決定と総称することができる。

サイモンは、人間が利用しうる限りの選択肢から最良のものを選び出す、最大化の原理によって意思決定するのではなく，情報処理能力の限界のために、ある一定のところで満足のいく選択肢を探し求める、満足化原理（satisficing principle）によって意思決定することを指摘し、その意味で人間は「限定された合理性（bounded rationality）」*しか持たないことを指摘している（Simon, 1957）。

満足化原理による意思決定では、表7-1の例の場合だと、例えば、価格、性能に関して満足化の基準を超えていたらすぐにその選択肢を採択してしまう。この例だと、ブランドAを選ぶ意思決定結果になる。ここで、重要なことは、満足化原理による意思決定では、選択肢の情報を全部見ないで意思決定をしてしまうので、効用や価値の最大化を必ずしもできないということである。どの選択肢に決まるかは、選択肢を検討した順序に依存するのである。

第3章でも紹介されたように、店舗内の行動調査によると、下方よりも上方の陳列棚にある商品の方が注意を35％多く引き（Assael, 2004: p. 159）、陳列では左側よりも右側にあった方が選ばれやすいこと（中島他, 2009）がわかっているが、このようなことが生じるのは、消費者が最大化原理にしたがった意思決定をせずに、満足化原理にしたがった意思決定をしていることを示唆している。

2）満足化原理と最大化原理の意思決定のタイプ

シュワルツらは、サイモンの理論を社会心理学的に拡張して、幸福感や臨床的な適応との関係を調査によって明らかにしている（Schwartz, 2004; Schwartz et al., 2002）。シュワルツらは、「後悔－追求尺度（Regret and Maximization Scale）」という質問紙による心理尺度を作成し、意思決定においてサイモンの満足化基準（Simon, 1957）による決め方をする者を「満足者（satisficer）」、可能な限り選択肢についての情報を収集して、その中で最高の選択肢を採択しようとする者を「追求者（maximizer）」と命名して、両者の心理的

傾向を調査した (Schwartz et al., 2002)。この調査の結果、追求者の傾向が高いほど、抑鬱、完璧主義、後悔度が高く、逆に、幸福感、楽観主義、生活への満足感、自尊心は低いことが明らかになった。シュワルツによると、「追求者」は「満足者」より、採択しなかった選択肢に対して後悔したりするために決定の満足感が少ない (Schwartz, 2004)。このような傾向は、日本人を調査した久富らの研究でもある程度明らかになっている (久富他, 2005)。シュワルツらの研究は、できるだけ多くの選択肢を考慮して、最適な意思決定をするという合理的経済人が、現代社会では臨床的には不適応になることを示唆している。

3　消費者の意思決定過程と問題状況

1）消費者の意思決定過程

　消費者行動の意思決定は、これまでの研究では、①問題認識 (problem recognition)、②情報探索 (information search)、③選択肢評価 (evaluation of alternatives)、④購買意思決定 (purchase decision)、⑤購買後評価 (post-purchase evaluation) の5段階を経ると考えられている (Kardes et al., 2010)。

　①の問題認識とは、消費者が現状と目標状態のずれを認識して、商品の購買をする必要があると認識する段階である。②の情報探索は、消費者が問題認識のもとに情報探索をする段階である。③の選択肢評価は、情報探索された結果をもとに、候補となる選択肢（ブランドなど）を評価する段階である。④の購買意思決定は、選択肢の評価をもとにどの選択肢にするかを決める段階である。⑤の購買後評価は、購買意思決定の後に購買を行い、購買後の選択肢への評価の段階である。

2）消費者の問題状況と意思決定過程

　消費者の情報探索のあり方は、購買状況のタイプによって異なる。購買状況は次の3つに分類できる (Howard, 1989; Kardes et al., 2010)。

第1のケースは、反復的な購買行動、すなわち、ルーチン的選択（routine choice）の状況である。例えば、「プリンターのトナーがきれてしまった」というような場合のように、当該製品の家庭内の在庫がきれたというきわめて単純なかたちで問題が認識される。

　第2のケースは、種々の選択肢についての情報について消費者が熟知しており、しかも消費者に想起される選択肢は複数あるような形式の意思決定状況、すなわち限定的問題解決（limited problem solving）の状況である。例えば、パソコンについてよく知っている消費者が、いくつかのメーカーのパソコンを、ハードディスク容量、CPUのタイプ、記録装置、モニターのタイプをもとに比較検討して、購買決定するような場合に相当する。

　第3のケースは、第2のケースのように製品の属性についての学習がなされておらず、どのような属性で選択肢を比較するかについての概念形成をしてから、複数の選択肢の比較検討をするような意思決定状況、すなわち、広範的問題解決（extensive problem solving）の状況である。この状況は、例えば、はじめてパソコンを購入するような商品知識の低い場合にあたる。この場合、ハードディスクやCPUというのはどういうものかということを消費者は学習しなければならない。あるいは、パソコンのOS（オペレーティングシステム）についての知識がある程度ないと、どのようなタイプのパソコンを購入するかどうかも決められない。

　表7-2に示されているように、広範的問題解決状況においては、消費者は一般に、比較的多くの情報を探索し、探索に要する時間もかなり長い。すな

表7-2　意思決定状況と情報探索のあり方

情報探索の性質	広範的問題解決	限定的問題解決	ルーチン的選択
探索ブランド数	多い	少ない	1つ
探索店舗数	多い	少ない	不明
探索属性数	多い	少ない	1つ
探索の源泉数	多い	少ない	なし
探索時間	長い	短い	きわめて短い

出所：Engel et al.（1993）を一部改変。

わち、多くの店舗で、多くのブランドについて、また、価格や性能やメーカーなど多くの属性について情報探索を行い、情報探索をする場合も店員や広告や知人など多くの源泉から情報を得ようとする。一方、ルーチン的選択においては、逆に、情報探索の程度はわずかであり、一つのブランドについて一つ程度の属性（せいぜいブランド名）が探索されるくらいであり、探索に要する時間もきわめて短い。また、限定的問題解決では、広範的問題解決とルーチン的問題解決の中間程度の量の情報探索が行われる。

4　消費者の問題認識

1）消費者の問題認識と閾値

　消費者の現実の状態の認識と目標状態とのずれが閾値を超えている場合に、消費者の意思決定過程を活性化させる問題が認識される（Engel et al., 1993）。それゆえ、現実の状態と目標状態とのずれが存在したとしても、その程度が小さかったりした場合、閾値を超えないので消費者には知覚されず、問題は認識されないことになる。問題認識は、以下の3つの場合に生起しやすくなる。まず、目標状態の水準それ自体あるいはその知覚水準が上昇する場合である。例えば、商品の広告などの企業のマーケティング活動や友人や仲間の勧めによって、「こんな商品が欲しいな」と目標状態の水準が高められる場合である。次は、現実の状態の水準あるいはその知覚水準が低下させられる場合である。例えば、セールスマンの話を聞いているうちに、今持っている自動車に不満を持ってしまうような場合である。最後に、目標状態の水準の上昇と現実の状態の水準の低下がともに起こる場合もある。

2）問題の認識のされ方とフレーミング効果

　消費者がその購買意思決定問題をどのように認識し、どのように解釈するかが意思決定の結果に大きな影響を与える（竹村, 1996b; Tversky & Kahneman, 1981）。意思決定問題の客観的特徴が全く同じで、かつ消費者に提示される

情報の外延的な意味が同じであっても、その問題認識の心理的な構成、すなわち決定フレーム（decision frame）によって意思決定の結果が異なることがある。このような現象をフレーミング効果（framing effect）あるいは心的構成効果という（Tversky & Kahneman, 1981）。

例えば、限定問題解決状況での購買意思決定を考えてみよう。1万9800円の電子辞書が1万4850円で販売される場合、POP広告で、「定価の4950円引き」と金額表示されるのか、「定価の2割5分引き」と比率表示されるのか、POP広告の価格値引き情報の意味するところは同じだが、その情報のフレーミングの仕方が異なり、結果として、表示の仕方によって購買行動に及ぼす効果が異なることがある。小嶋は、消費者に一流ブランドであると考えられている商品の場合、値下げの金額表示よりも、比率表示の方がよく売れ、逆に、消費者に二流以下のブランドであると考えられている商品の場合、比率表示よりも値下げの金額表示の方がよく売れると報告している（小嶋, 1986）。

トヴェルスキーとカーネマンは、フレーミング効果の典型例となる以下のような問題を考えた（Tversky & Kahneman, 1981）。

> 問題A「125ドルのジャケットと15ドルの電卓を買おうとしたところ、店員から、自動車で20分かかる支店に行くと15ドルの電卓が10ドルで販売されていることを聞かされた。その支店まで買いに行くかどうか。」
>
> 問題B「125ドルの電卓と15ドルのジャケットを買おうとしたところ、店員から、自動車で20分かかる支店に行くと125ドルの電卓が120ドルで販売されていることを聞かされた。その支店まで買いに行くかどうか。」

ここで、問題Aも問題Bも、電卓とジャケットを買うという購買意思決定として共通しており、さらに、総額140ドルの買物をする。5ドルの利益を得るために20分間自動車を運転するというコストをかけて支店に買いに行

くかという点については全く同じである。しかし、トヴェルスキーとカーネマンは、ある被験者集団に問題Aを与え、別の被験者集団に問題Bを与えたところ、前者の問題Aでは、68%の被験者が支店まで出かけると回答したのに対して、後者の問題Bでは29%の被験者しか支店まで出かけると回答しなかったとしている (Tversky & Kahneman, 1981)。この結果の理由として、被験者が、電卓の買物とジャケットの買物という2つの意思決定問題に分離してフレーミングを行ったことが考えられる。すなわち、問題Aでは、電卓の定価である15ドルが10ドルになるという部分が注目され、問題Bでは、電卓の定価である125ドルが120ドルになるという部分が注目されて、異なる意思決定がなされたと考えられる。

このような効果は、問題の一部分への注目によって、ウェーバー法則が働いて、結果的に選択の逆転現象が生じたとも解釈することができる。スーパーの特売で卵やキャベツなどの比較的安い商品を大幅割引して、他の商品も買ってもらうような販売戦略がとられることがあるが、このような効果が期待されていると考えられる。

3) 消費者の心理的財布と問題認識

フレーミング効果の現象が示すように、購買意思決定問題の認識のされ方が購買意思決定に大きな影響を示すことが明らかになっているが、トヴェルスキーとカーネマンの研究 (Tversky & Kahneman, 1981) に先立つこと22年の1959年に小嶋は、状況依存的な問題認識によって、購買行動や購買後の満足感が大きく影響されることを指摘し、どのような状況依存的な問題認識が存在するのかを「心理的財布」という構成概念を用いて明らかにしている (Kojima, 1994)。小嶋は、消費者が異なる複数の財布をあたかも所有しているように行動し、購入商品やサービスの種類や、それらを買うときの状況に応じて別々の心理的な財布から支払うと考えた。それらの心理的財布は、それぞれが異なった次元の価値尺度を持っているので、同じ商品に同じ金額を支払った場合でも、その金額を支払う財布が異なれば、それによって得られる満足感や、出費に伴う心理的痛みも異なると考えられる。例えば、同じカレ

ーライスに 1000 円を支払うにしても、旅行先では痛いと感じないのに、日常では痛いと感じてしまうような心理を、説明できる。

5　消費者の情報探索と選択肢評価

1）情報探索と選択肢評価

　消費者の情報探索は記憶内の関連情報を検索する内部情報探索（internal information search）から出発し、もし記憶内に十分な情報が存在しない場合には外部の情報源へ向けてなされる外部情報探索（external information search）が行われる（Engel et al., 1993; Mowen, 1995）。例えば、ある研究では、自動車修理サービスの決定に際して、多くの消費者はほとんど記憶からの内部情報探索に頼っており、外部情報探索を行う者は 40％にすぎないことがわかっている（Biehal, 1983）。また、以前の購買に満足した場合は、内部情報探索だけによって意思決定がなされやすいこともわかっている（Engel et al., 1993）。

　表 7-1 でも示したように、情報探索のあり方と選択肢の評価のあり方は密接な関係にある。さらにこのことを詳しく説明しよう。例えば、テレビの購買意思決定では、いろいろなテレビを評価することが必要になってくるが、テレビのどのような属性（attribute）をどのような順序で情報探索していくかということがそのテレビの総合評価に大きな影響を与える。表 7-3 に示されたようにブランドの各属性を評価していたとしても、すべての選択肢について、すべての属性の情報探索を行う場合と一部の属性のみについて情報探索を行う場合とでは、選択肢の評価は明らかに異なるだろう（竹村, 1997）。また、価格のような最も重視する属性において最も適当な価格の銘柄を探すために、まずすべての銘柄の価格に関して情報探索を行い、次に、2 番目に重視する属性について情報探索を行って決定する場合（属性型の情報探索）と、銘柄ごとに情報探索を行い、各銘柄の総合的評価をしてから決定する場合（選択肢型の情報探索）とでも、選択肢の評価や意思決定の結果は異なることが多い（Bettman, 1979; Bettman et al., 1991; 竹村, 1997, 2009b）。このように、情報

表 7-3 テレビの購買意思決定における情報探索と選択肢評価

	ブランドA	ブランドB	ブランドC	ブランドD
価格	39,800 円 (60 点)	29,800 円 (80 点)	29,800 円 (80 点)	19,800 円 (90 点)
メーカー	あまり良くない (50 点)	まあまあ良い (70 点)	かなり良い (80 点)	非常に良い (90 点)
機能の豊富さ	非常に良い (90 点)	まあまあ良い (70 点)	かなり良い (80 点)	あまり良くない (50 点)

注：属性型の情報探索： - - ▶
　　選択肢型の情報探索： ──▶

探索のあり方と選択肢の評価のあり方は、非常に関連しているのである。

2）ヒューリスティックスとしての決定方略

このように情報探索の観点から意思決定の過程を捉える上で重要な概念は、決定方略（decision strategy）である。決定方略は、選択肢の評価および選択肢の採択をどのような心的操作の系列で行うかについての仕方である。決定方略は、決定ヒューリスティックス（decision heuristics）とも呼ばれる。ヒューリスティックスという概念は、最適解を必ず導く実行方略であるアルゴリズム（algorithm）と対比される概念である。ヒューリスティックスの使用は、アルゴリズムの使用に比べて、問題を迅速に効率的に解決することが多いが、ある場合には、不適当な解を導いたり、状況に依存する一貫性のない決定を導くことがある。例えば、囲碁や将棋の有段者は、可能な手の中のすべてを探索して次の一手を打つわけではない。このような正確なアルゴリズムによる処理をしているとスーパーコンピュータでも天文学的な時間がかかってしまうので、実際は、計算機においてもヒューリスティックスが用いられる。人間も同様なヒューリスティックスを用いて、日常生活をすごしていると考えられる。

ヒューリスティックスでは、ギガレンザーらによって提唱されている高速倹約ヒューリスティックス（fast and frugal heuristics）というのがある（Gigerrenzer et al., 1999, 2004)。高速倹約ヒューリスティックスとは、最低限の時間や知識や計算に基づいて現実の環境において適応的決定を行うヒューリスティックス（認知的な簡便法）である。例えば、ギガレンザーとゴールドシュタインは、2つの都市の人口がどちらが多いかという判断をする場合に、その都市を知っているかどうかという基準だけで決める再認ヒューリスティックスで決定しても、比較的高い妥当性を持つことを計算機シミュレーションを用いて例証している（Gigerenzer & Goldstein, 1996）。この知見は、このブランドを知っているから買うというような知名度に基づく意思決定をしても比較的妥当性の高い決定ができることを示唆している。彼らは、高速倹約ヒューリスティックスを用いても比較的妥当性の高い意思決定ができることをさまざまな場面で例証している。

人間の意思決定における決定方略は、ほとんどがヒューリスティックスであるので、決定ヒューリスティックスと呼ばれることが多い。決定方略の概念は、情報探索と概念的には区別されるが、現実にはほとんど対応している。実際、後で述べるように、決定方略の研究のために、意思決定者の情報探索パターンを分析することが多い（Bettman et al., 1991）。

人間の決定方略は、効用理論において仮定されているような効用を最大化するという手順を経ることがほとんどないことが2節で説明したサイモンの研究をはじめとする数多くの意思決定過程の研究からわかっており、これらの研究から、主に人間の情報処理能力の限界に起因する数多くの決定方略が見出されてきた。

3）さまざまな消費者の決定方略

これまでに見出された決定方略には、以下のようなものがある（竹村, 1997, 2009a）。

(1) 加算（additive）型

この決定方略においては、各選択肢が全次元にわたって検討されていき、各選択肢の全体的評価がなされ、全体的評価が最良であった選択肢が選ばれる。加算型には、各属性に異なる重みが置かれるもの（荷重加算〔weighted additive〕型）とそうでないもの（等荷重〔equal weight〕型）とがある。例えば、表7-3でこの方略のあり方をみてみよう。この方略では、まずブランドAについて検討して、「価格は3万9800円か（60点）。デザインはあまり良くないな（50点）。メーカーは有名だし、非常に優れているな（90点）」というようにみて、「全体としてブランドAはまあまあいいな（合計200点）」というような判断をする。同様に、ブランドBは「非常にいいな（合計220点）」、ブランドCは「かなりいいな（240点）」、ブランドDは「まあまあいいな（合計230点）」というように全部の選択肢を評価して、一番評価の高かったブランドC（合計240点）を選ぶような決め方になる。ここでは、一つの選択肢の総合評価によって加算的に決めることになるのである。

(2) **加算差**（additive difference）**型**

この決定方略においては、任意の一対の選択肢XとYについて、属性ごとに評価値の比較が行われる。選択肢の数が3以上の場合は、一対の比較によって勝ち残ったもの同士が、いわばトーナメント方式で順次比較され、最終的に残った選択肢が採択される。例えば、表7-3では、まず、ブランドAとブランドBとを比較する。価格ではブランドBが優れていて、メーカーの評価は同じ、機能の豊富さではブランドAが優れている。属性への重みが等しいとすると、ブランドAとBとの差は負になるので（すなわち、(60点－80点)＋(50点－70点)＋(90点－70点)＝－20点）、ブランドBをひとまず選ぶことになる。次に、ブランドCとブランドDを比べて、ブランドCをひとまず選ぶ。そして、最後に、残ったブランドBとブランドCを比べて、ブランドCを選ぶことになる。

(3) **連結**（conjunctive）**型**

この決定方略においては、各属性について必要条件が設定され、一つでも必要条件を満たさないものがある場合には他の属性の値にかかわらずその選択肢の情報処理は打ち切られ、その選択肢は拒絶される。この決定方略で選択肢を1つだけ選ぶ場合、全属性にわたって必要条件をクリアした最初の選択肢が選ばれることになる。例えば、表7-3で、すべての属性の必要条件が70点以上であるとして、ブランドAから順次選択肢の評価を行うとすると、

最初に条件をクリアしたブランドBが選ばれることになる。この場合、残りのブランドC、ブランドDの検討は行われない。この方略は、サイモンの満足化原理による意思決定に最もよく類似している。

(4) **分離**（disjunctive）**型**

この決定方略においては、各属性について十分条件が設定され、1つでも十分条件を満たすものがある場合には他の属性の値にかかわらず、その選択肢が採択される。例えば、表7-3で、すべての属性の十分条件が80点以上とする。ブランドAから順次選択肢の評価を行うとすると、ブランドAでは、価格とデザインはこの条件を満たしていないが、機能に関して80点以上であるので、すぐにブランドAを選ぶことになる。この場合、残りのブランドB、ブランドC、ブランドDは検討されない。

(5) **辞書編纂**（lexicographic）**型**

この決定方略においては、最も重視する属性において最も高い評価値の選択肢が選ばれる。もし最も重視する属性について同順位の選択肢が出た場合には、次に重視する属性で判定が行われる。ただし、ある範囲の僅少差も同順位とみなされ、次に重視する属性で判定が行われる場合は、半順序的辞書編纂（lexicographic semi-order）型と呼ばれる。例えば、表7-3で、価格を最も重視すると、価格の最も安いブランドDが選ばれることになる。この場合、メーカーや機能の豊富さは考慮されないことになる。

(6) **EBA**（elimination by aspects）**型**

この決定方略においては、属性ごとに必要条件を満たしているかどうかが検討され、必要条件をクリアしない選択肢は拒絶される。この決定方略は、連結型に類似しているが、1つの属性について複数の選択肢をみていく属性型の決定方略をとっている点が連結型と異なっている。例えば、表7-3で、連結型と同じ基準の必要条件（70点以上）として、価格、メーカー、機能の豊富さの順に属性が逐次検討されるとする。そうすると、価格に関しては、ブランドB、C、Dがそのまま残り、次に残った3つのうちメーカーでも基準を超えているので、ブランドB、C、Dがそのまま残り、最後に機能の豊富さで、基準を超えているブランドBとブランドCが残る。この場合、Bと

Cの2つはそれぞれ2分の1の確率で選ばれることになる。

(7) **感情依拠**（affect referal）**型**

過去の購買経験や使用経験から最も好意的な態度を形成しているブランドを習慣的に選ぶ方略である。特定のブランドを非常に好むブランド・ロイヤリティの高い消費者の購買意思決定は、この方略を用いていることが多く、新たな情報探索はほとんどしない。例えば、表7-3でブランドDがいつも使っていて身近に感じるブランドであるとすると、他のブランドをほとんど検討することなく、ブランドDを選んでしまうような場合である。

4）消費者の決定方略の分類

このように、種々の決定方略が見出されているが、決定方略を補償（compensatory）型と非補償（non compensatory）型というように2分類して考察することがよくある。補償型の決定方略とは、ある属性の評価値が低くても他の属性の評価値が高ければ、補われて総合的な評価がなされる決定方略であり、加算型、加算差型がこれに含まれる。補償型では、すべての選択肢の情報が検討される。また、非補償型の決定方略とは、そのような属性間の補償関係がないような決定方略であり、連結型、分離型、辞書編纂型、EBA型、感情依拠型がこれに含まれる。

非補償型の決定方略の下では、選択肢や属性を検討する順序によって決定結果が異なることがあるので、一貫しない意思決定の原因になることがある。例えば、連結型で消費者がテレビの銘柄の意思決定を行う状況を考えてみよう。連結型では、最初に必要条件をクリアした選択肢が採択されるので、どのような順番で銘柄を検討するかが非常に重要である。もし別の店にその消費者が最も気に入るテレビの銘柄が置いてあったとしても、最初に訪れた店に必要条件を満たすものがあれば、その銘柄が購入される。したがって、その消費者が最も気に入る銘柄を購入するかどうかは、店頭の商品配置や店舗の位置などの状況要因に左右されやすくなるのである。

また、実際の意思決定場面では、決定方略は、両者が決定段階に応じて、混合されることが多い。あるいは、消費者は、認知的緊張を低減するために、

まずEBA型のような選択肢の拒絶を行っていく方略で選択肢を少数に絞った後に、加算型のような補償型の方略を用いることが多い (Bettman, 1979; Takemura, 1993)。このように、決定方略自体が意思決定過程の進行に応じて変異することもあるのである。このような意思決定を多段階的決定方略と呼ぶこともある。

6　購買環境と消費者の購買意思決定

1）情報過負荷と消費者の決定方略

これまでの消費者の意思決定過程の研究では、選択肢数が少ない場合は、補償型の決定方略が採用され、選択肢数が多くなると非補償型の決定方略が採用されやすいことが報告されている。例えば、竹村は、オーディオ製品についての購買意思決定に関する言語プロトコール法を用いた実験を行い、問題において提示する選択肢数および属性数を2水準（それぞれ4と10）にわたって変化させ、実験条件間で採用された決定方略を比較している (Takemura, 1993)。その結果、各条件において認められた決定方略は、複数の決定方略を多段階的に混同する形式を採用していたが、一般に、選択肢数や属性数が多い条件では、非補償型の決定方略が採用されやすかった。また、選択肢数が多いと属性をベースにした決定方略が採用されやすいことも明らかになっている。

なぜ決定方略が選択肢数や属性数の変化に伴ってこのように変わるかというと、選択肢数や属性数が多い条件では、多くの情報を処理しなければならないために情報過負荷 (information overload) になり、それによる認知的緊張を回避するために、情報処理の負荷の低い単純な決定方略が採用されたと解釈できる。このように情報過負荷の状態になると、採用される決定方略が単純になり、その結果、意思決定の結果は変化すると考えられる。また、情報過負荷になると、決定方略が単純化されるだけでなく、意思決定状況からの回避も生じやすくなる。意思決定をしないでその状況から回避することも、

一種の情報処理の単純化であると考えることができる。竹村は、スーパーマーケットでの消費者行動観察と店頭面接調査を行い、情報過負荷の状態になって迷った消費者は、コンフリクトを回避するために、売場から逃れやすいと報告している（竹村, 1996b）。

2）消費者の店舗内での意思決定

　実際の店舗内の消費者の購買意思決定において、消費者は、どの程度の選択肢を検討し、どのような属性を検討するのであろうか。ディクソンとソーヤーは、シリアル（穀物食）、コーヒー、マーガリン、歯磨きの4つの製品についての店舗内消費者行動を研究している（Dickson & Sawyer, 1990）。その結果、消費者は平均すると、12秒以内で意思決定しており、約半数が5秒以内で決定していた。また、他のブランドとの価格比較などをした消費者は4分の1程度にすぎず、40％以上の消費者は彼らのカートの中にあるブランドの価格の検討すらしていないことがわかった。高木らの研究グループは、カレー、ハヤシシチュー、レトルト食品、レンジ食品などのスーパーマーケットでの店舗内消費者行動を研究したところ、一つのブランドしか検討しなかった消費者が全体の60％近くいることを明らかにした（竹村, 1996b 参照）。また、彼らは、清涼飲料水や機能性飲料などの購買行動を検討したところ、購買者も非購買者も、図7-1に示されているように、大半が一つのブランドしか検討せず、検討されるブランド数はせいぜい3個程度までであることを明らかにしている。大槻は、スーパーマーケットの商品棚では右側に消費者の注意が集中しやすく、左側よりも1.5倍から2倍の確率で選択されることを報告している（大槻, 1991）。これらの研究は、消費者がすべての情報を検討しないで決定をする非補償型の決定方略を用いていることを示している。

　このことに関連して、第2章でも報告されているように、アイエンガーらは、スーパーマーケットで実際のジャムの試食実験を行い、6種類のジャムを提示したときは買い物客の約40％が立ち寄り、24種類のときは約60％になったが、実際の購入者は、前者が約3割だったのに後者はわずか3％であったことを報告している（Iyengar, 2010）。このように多くの選択肢を与える

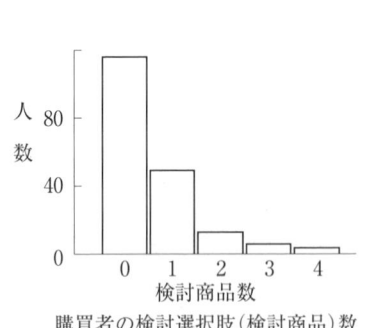

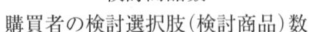

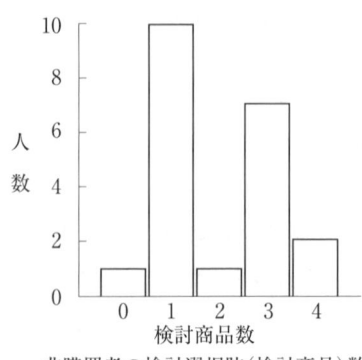

図 7-1　購買者と非購買者の検討選択肢数

出所：竹村（1996b）。

ことは、逆に売り上げを減らすことを示唆している。

3）消費者の非計画購買

　これまでに示したように、消費者は店舗内において非補償型の決定方略を用いやすいが、そもそも来店する前に何を買うのかについての十分な検討をして、購買計画を立てていれば、補償型の決定ができるだろう。しかし、これまでの店舗内消費者行動の研究は、多くの消費者があまり購買計画を立てないで店舗に来店していることを示している。このように入店前に意図しなかったブランドが店舗内で購買される行動を、非計画購買と呼んでいる。

　非計画購買に関する研究は、1935年にはじまるデュポン（Dupont）社の消費者購買習慣研究（Consumer Buying Habits Study）にまで遡ることができる。デュポン社の調査では店舗に来店する消費者に対して、入店時と出店時にそれぞれ面接調査を行い、どの程度の非計画購買率かを継続的に検討しているのである。デュポン社の研究を踏襲した非計画購買に関する研究は、わが国でも、大槻（1991）によって研究がその成果が報告されている（わが国では流通経済研究所が中心になって1980年代から研究が進められてきている）。これまでの非計画購買に関する調査研究のレビューによると、1977年に米国で行ったデ

ュポン社と POPAI (Point of Purchase Advertising Institute) との共同研究では、広義の非計画購買率（店内決定率）は 64.8%、1980 年代にわが国で行われた流通経済研究所の一連の調査研究では 87.0% から 96.8% の非計画購買率が示されている（青木, 1989; 永野, 1997; 西道, 2000）。

このことは、スーパーマーケットなどにおけるプロモーションにおいては、口コミや事前の広告だけではなく、店舗内での POP 広告や人的販売の技術が重要になってくることを示唆しているのである。また、最近、株式会社ＤＮＰメディアクリエイトの「買い場研究所」が電子 POP 広告や店頭環境の効果を実験的に検討しており、売り場環境が購買行動に及ぼす影響が大きいことを例証している（http://www.dnp.co.jp/dmc/kaiba/index.html 参照）。

4）購買後の評価

消費者の購買行動の後に、どのような心理的変化が見られるかについて、フェスティンガーが重要な仮説を提案している（Festinger, 1957）。彼は、認知的不協和理論（cognitive dissonance theory）と呼ばれる理論を提案し、意思決定後の心理的変化の特徴を説明しようとした。彼によると、意思決定後の不協和の状態は不快な状態であり、この不快状態を低減させるために、認知の変化、行動の変化、新たな認知の付加、新たな情報への選択的接触などが生じるとしたのである。フェスティンガーは、意思決定後の状況では、行動はすでになされていることが多いので、不協和が生じやすく、不協和の解消の手段がとられやすいと考えた。このことから、選んだ後の選択肢の魅力は、選ぶ直前より上昇することが予測されるのである。

この仮説に関連して、ヨハンソンらのグループは、興味深い知見を見出している。彼らは、選択盲（choice blindness）という名前で呼んでいるが、実際に選択した選択肢を手品を使って別の選択肢に変えてもほとんどの被験者が気づかないという現象で、違う選択肢を見せられているにもかかわらず、意思決定を正当化してしまう現象である（Johansson et al., 2005）。彼らは、実際のスーパーマーケットでジャムやお茶の選択実験を行い、手品を使って別の品を渡しても、3 分の 2 以上の人が気づかず、自分たちの意思決定を正当化

したことを報告している（Hall et al., 2010）。このようなことを考えると、私たちの購買意思決定後の評価も、商品の実際の特徴だけではなく、選択をしたということによって、事後的に再構成されている可能性がある。このことは、マーケティングにおいて、購買後の消費者へのコミュニケーション戦略が重要であることを示唆している。

> **用語解説**
> **推移性**：推移性は、任意の選択肢の集合の中で、選択肢 x より y が好ましいか無差別で、y が z より好ましいか無差別なら、x は z より好ましいか無差別であるような関係である。すなわち、三すくみがないような関係である。
> **弱順序**：弱順序とは、2つの選択肢に対する選好関係の性質であり、比較可能性と推移性の2つの条件を満たしている選好関係である。選好関係が弱順序であれば、選好関係の必要十分条件となる実数値関数（効用関数）が存在することがわかっている。
> **比較可能性**：比較可能性は、連結性ともいい、任意の選択肢の集合の中で、選択肢 x を y より好ましいか無差別か、もしくは y が x より好ましいか無差別かのいずれかが成立することである。すなわち、任意の選択肢が比較可能であることをいう。
> **限定された合理性**：サイモンが意思決定研究の中で唱えた概念である。人間は、全く非合理な意思決定主体ではないが、人間が完全な情報処理能力を備えているわけではなく、限定された意味での合理性しか持っていないことを示す。「限定合理性」ともいう。

トピック：情報モニタリング法とアイカメラ

　消費者の意思決定過程を追跡して、決定方略を同定する方法に、情報モニタリング法（method of monitoring information acquisition）という方法がある（Bettman et al., 1991; 竹村, 1997）。この手法は、過程追跡技法（process tracing technique）とも呼ばれている。
　情報モニタリング法は、被験者にブランドについての情報を自由に探索させ、どのような選択肢のどのような属性の情報をどのような順序で探索したかを分

メーカー	東芝	三菱電機	カシオ計算機	SANYO	モトローラ
価格	¥12,800	¥17,900	¥21,680	¥9,240	¥19,800
同時発色数	約26万色	約26万色	約26万色	約26万色	65535色
質量	142 g	128g	144g	117g	168g
ディスプレイサイズ	2.4インチ	2.4インチ	2.6インチ	2.2インチ	2.9インチ
カメラ画素数	131万画素	200万画素	320万画素	133万画素	131万画素
その他の機能	TV受像可能	なし	なし	FMラジオ受信可	ウェブブラウズ可

図1 情報モニタリング法で用いた情報提示ボード（大久保他，2006）

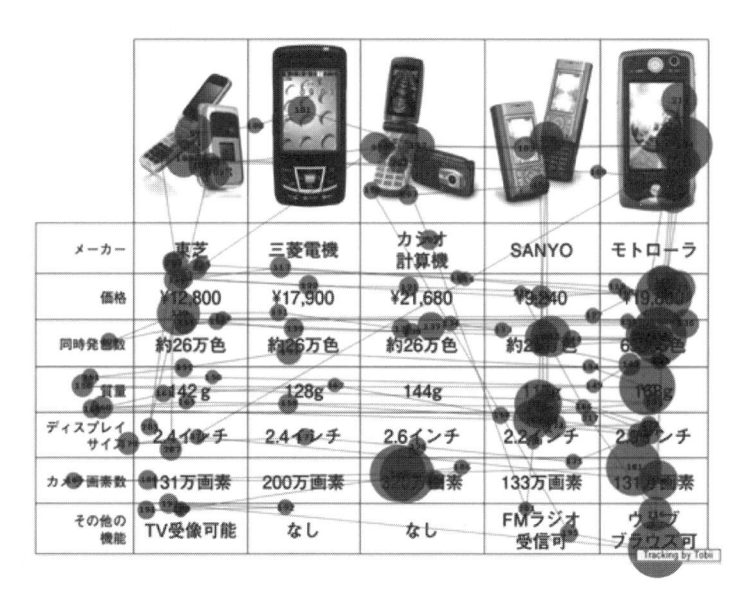

図2 図1で示した情報提示ボードへの注視パターンの一例

析する方法である。この方法では、カードに示されたブランドの属性情報（価格など）を順次獲得していく様子を調べる情報提示ボード（information board）による方法、アイカメラ（eye camera）などの測定装置を用いて意思決定における注視パターンを分析する方法などがある（Bettman et al., 1991；竹村，1997）。情報モニタリング法を用いた実験データの分析では、例えば、すべての選択肢の情報を選択肢型の情報探索で検討していたら加算型であるとか、属性をベースにして情報探索をして次々と検討する選択肢を少なくしていればEBA（Elimination By Aspects）型であるというように決定方略を推測していくのである。

　アイカメラを用いる研究においては、図1に示したような情報を提示することが多い。アイカメラは、装置を頭に装着する接触型のものと、装着しない非接触型のものがあり、後者の方が、被験者の心理的負担が小さいと考えられる。図2に、非接触型のアイカメラによる情報提示ボードへの注視パターンの一例を示した。この例では、特定の選択肢に視線が集中しており、非補償型の決定方略が採用されたことが示唆される。アイカメラのデータの解析は、どのような順番で、情報提示ボードのどこを、どのくらい見ていたかという観点に立って分析する。

第8章

消費者調査（質的調査を中心に）

★章のねらい★

　学術研究においても実務の中でも、消費者行動をめぐってさまざまな問いが発生する。消費者のブランド選択理由は何か。環境意識に男女差はあるのか、あるとすればなぜか。景気後退期の消費者態度の特徴は何か。新しいサービスに対する需要はどの程度か。贈答が持つ意味は何か。消費者とブランドとの間の絆とは何か。それは友人関係に似ているのか、夫婦関係のようなものか……。このような問いにこたえる有力な手段が消費者調査である。

　本章では、消費者調査の中でも近年関心が高まっている質的調査に焦点を当て、その核心と広がりを紹介する。まず、質的研究の定義を示したのちにその特徴を明らかにし、その後、代表的な個別手法を取り上げる。それぞれの方法が立脚する前提、手続き、事例ほかを概観することにより、質的手法の幅広さが理解されるだろう。本章であげた文献は、質的研究をさらに深く理解し、実践に進むための道案内として活用してほしい。

1　質的調査とは

　質的研究は、具体的な事例を重視し、それを文化・社会・時間的文脈の中で捉えようとし、人びと自身の行為や語りを、その人びとが生きているフィールド（現場）の中で理解しようとする学問分野である（フリック, 2002；無藤他, 2004）。

　ただ、この定義から質的調査とは何かを理解することは容易ではない。何

しろ質的調査の個別手法を思いつくままに列挙するだけでも、ザルトマンメタファー導出技法（ZMET）、ラダリング法、エスノグラフィ、プロトコール分析、談話分析、グラウンデッドセオリーアプローチ（GTA、グレイザーとストラウスによって提唱された研究アプローチで、データとの対話によって理論を導き出す帰納的な方法）、モチベーションリサーチ、フォーカス・グループ・インタビュー、投影法、KJ法（川喜多二郎によって開発された情報整理と仮説発想の方法。KJ は、川喜多二郎のイニシャル）、内容分析、アクションリサーチ（レヴィンによって提唱された、社会問題を実践的に解決するための研究方法）など実に多種多様である。しかも、質的調査には長い歴史があり、消費者行動研究以外の分野でもさかんに活用されていて、多くの研究者や実務家が携わっている。そこには、多様な理論的立場と多彩な議論が存在している。

　他方で、無藤が指摘するように（無藤他, 2004）、質的研究は量的研究では明らかにされない課題に取り組んできており、「質的研究とは『量的な研究ではないもの』という答えは、安易ではあるが実用的に役立つ」ことは確かである。そこで以下では、質的調査の特徴を量的調査と比較して検討していこう。ただし、質的方法と量的方法とが、画然と分かれているわけではないことに注意が必要である（フリック, 2002; Morrison et al., 2002; ウィリッグ, 2003; 無藤他, 2004; 戈木クレイグヒル, 2006; 西條, 2007）。

1）記述、説明と予測、制御

　消費者行動研究は、消費者行動の記述、説明、予測、制御を目指す科学分野である。新しい課題領域の研究は、現象の記述から始まり、説明、予測、制御へと精度が高まっていく。生起している現象の記述や説明がなされないままに、いきなり結果を予測したり要因を統制したりできるわけではない。

　質的研究が力を発揮するのは、蓄積された研究成果や既存知識が少なく、事象がそもそも何であるか、何が生起しているかが捉えられていない段階である。他方で、量的研究は、蓄積された知識を参照して相関関係や因果関係に関する仮説を立てることができ、これを検証したり、検証した知識を予測や制御に活用したりする局面でよく機能する。研究を計画する際には、先行

研究を参照して研究蓄積の厚さがどの程度かを確認し、問いの水準とアプローチとを定めることになる。

2) 仮説生成と仮説検証

　質的研究では、対象についての既存知識がない状態で現場に浸り、そこで生起する現象を表現する構成概念*を見出し、概念間の関係を記述する。ここで発見された関係は、その後に検証されるべき仮説である。質的研究がこのように帰納的な方法でデータと対話して理論を作り出すのに対して、量的研究は理論から演繹的に仮説を導き出しこれをデータで検証する。

　この違いは、研究手順や論文構成にも反映する。質的調査では、データ収集を進めながら徐々に研究設問を精緻化し、並行して理論構築に有用かどうかの観点からサンプリングを進めていく。そして論文では、既存理論が当てはまらない事象に、新たな説明を与える理論仮説が得られたことが報告される。一方で量的研究は、理論や過去の研究蓄積に基づいて仮説が立案され、その仮説を検証できるように実験や調査が計画される。研究論文では、まず仮説が示されたのちに、実験や調査の手続きが明示され、結果は仮説が検証されたかどうかを中心に報告される。

3) 個性記述的アプローチと法則定立的アプローチ

　質的調査では、消費者個々をユニークな者と捉え、人々が生きている世界の多様性や、時間や文脈によって変化する現実を重視する。人間一般に当てはまる法則や理論を打ち立てるよりも、現場に密着し、特定の時点で成立する事象を対象として、これを完全に理解することを目指す。他方、量的調査では、消費者に共通する側面に着目して、消費者行動についての普遍的法則を打ち立てることを狙う。言いかえれば、いつでも、どこでも、誰にでも当てはまる理論を高く評価する。さらに、量的調査で利用される統計的手法は、大量のデータを単純化して要約することに適しており、同時に、調査対象者から得られた結果を母集団へ一般化することを容易にする。

　人が何かを蒐集する意味を探りたいときのアプローチを例に考えてみよう。

質的研究アプローチを採用するならば、個人博物館を開設しているような蒐集家の協力を得て、観察や取材、資料分析を行うと、蒐集の意味に大いに接近できそうである。少数の収集家を対象として、数ヶ月、ときには数年ものデータ収集を経て、行動と行動が生起した文脈を記述し、行動の意味を浮かびあがらせる。他方、量的調査アプローチならば、蒐集家の母集団を何らかの方法で操作的に定義し、彼らのリストを準備し、それから無作為抽出した調査対象者に調査票を送って、蒐集行動に関する態度や関心事、意見に関する回答を得ることが考えられる。そして例えば、調査対象者の属性やライフスタイルと蒐集活動との関係を統計的に分析して法則性を発見する。的確に調査分析が行われれば、母集団全体での蒐集行動やそれに影響を与える要因が明らかになる。

4）内的視点による意味重視と行動重視

19世紀半ばに心理学は哲学から分離して一つの研究分野と認識されるようになり、それ以来、量的手法をとる実験心理学が主流となって発展してきた。そこでは、研究者は、因果関係を追究し、経験による検証を重視し、普遍的理論を打ち立てることに価値を置いている。20世紀初頭から大きな勢力となった行動主義心理学*は、特にその精神をよく体現している。それは、「こころを扱わない心理学」とも呼ばれることがあるように、客観的に測定できない意識ではなく、直接観察可能な行動を研究対象とするものであった。

質的研究は、このようなものの見方だけでは人間行動に迫れないと考える。消費者は「意味」にしたがって行動することを前提として、消費者行動を説明するための中心的概念を「意味」に置く。「意味」は、製品やブランドなど外部に存在するのではなく、それを所有したり、観察したりする個人の側で生成される。そのため、消費者の内的視点がきわめて重要となる。

1950年代に生産された大排気量のアメリカ車の意味を考えてみよう。車の機能は確かに移動手段である。しかし、消費者にとっての意味はそれだけではない。同じ車が、1960年代の消費者には「富の象徴」とみられ、2010年には「環境配慮の欠如」と感じられる。2050年の消費者には「アナログ

時代への郷愁」という意味を持つかもしれない。環境を保護すべきと考える2010年の消費者は、「環境配慮の欠如」という意味を持つ車を買うことはないだろうし、アナログ時代をなつかしく思う2050年の消費者は、この車に大金を払ってでも手に入れたいと思うかもしれない。同じ車に対して、時代によって人によって、消費者の内的視点から車に異なる意味が与えられ、異なる行動が後に続く。

　次節からは、質的調査の個別手法をいくつか取り上げて、それぞれが立脚する前提、手続き、事例などを概観していく。取り上げる手法はみな、消費者行動研究分野の代表的質的調査手法であるが、依拠する理論的背景や手法、提唱された年代はさまざまである。また、フォーカス・グループ・インタビューなどのデータ収集に特化した方法から、エスノグラフィのように研究アプローチ全体に関わる手法まで含まれている。個別手法の概要を理解するとともに、質的調査手法全体の多様性や広がりを理解する助けとしても利用してほしい。

2　モチベーションリサーチ

1）理論的立場

　ディヒターらは、消費者の購買行動の原因は消費者内面の動機づけにあると考え、これを探る手法としてモチベーションリサーチを提唱した。モチベーションリサーチは1950年代にマーケティング分野で大きな影響力を持った手法である（Dichter, 1960; 犬田・佐竹, 1964; 飽戸, 1994）。

　フロイトが提唱した精神分析学では、人の心の活動をイド、超自我、自我の3領域に分けて理解する。イドは人の無意識下にある本能的エネルギーの源であり、「あれがしたい」「これがしたくない」という快楽原則にしたがっている。超自我は、社会的規範が内面化されたもので、良心としてイドの欲求を抑圧する存在である。自我は、理性的にイドと超自我とを調整して、欲求を現実に受け入れられるようにしたり、欲求をかなえるための準備をした

りする役割を果たしている。

　ディヒターは、フロイト理論を応用して、消費者の購買行動はイドに起因し、その欲求が自我によって調整されて具体化していると考える。したがって、購買の理由「なぜ買ったのか」を知るためには、自我によって調整されていない無意識を探る必要があり、その手法としてモチベーションリサーチが考案された。購買の「なぜ」に集中するために、ホワイリサーチ（why research）と呼ばれることもある。

2）調査手法

　モチベーションリサーチは、購入プロセスの中で重要な役割を果たしている要因や最終決定要因を明らかにするために、深層面接法や投影法をはじめ、集団面接法、観察や実験、量的調査などのさまざまな方法を組み合わせる。

　深層面接法では、少数の対象者に一人あたり1時間から2時間、ときには3時間の面接を行う。内容は、対象者の年齢や学歴、性格などの個人特性、家庭環境、交友関係、当該製品に関するものなど多岐にわたる。面接では、具体的な購買行動に焦点を当て、それがなぜ起こったのかを消費者の経験や段階をたどって詳しく聞き出していく行動見本法や、合理的であろうとする対象者の努力を取りはらい、隠れた動機を探るために、製品カテゴリやブランドをテーマにして対象者に自由な連想を語ってもらう自由連想法などが使われる。

　投影法は、正誤や優劣の判断がなされない課題を対象者に示して、自由に連想や想像を求めると、そこに被験者独自の動機がスクリーンのように映し出されると仮定した技法である。その一つ文章完成法は言語刺激による連想法の一つで、「欧州車の魅力は……」などの未完成の文章を提示し、対象者から「小型でデザインがよい」「自分のセンスが示せる」などの自由連想を得る。略画テストは、ある場面を表す略画を対象者に示し、空白になっている登場人物の吹き出しに、対象者が最も当てはまると考える言葉を回答してもらう。例えば、百貨店の化粧品カウンターで、店員が「いらっしゃいませ」といっている略画を示し、客の空白になっている吹き出しに台詞を考え

てもらうと、消費者の化粧品カウンターでの隠れた動機を探る助けとなる。このほか、絵を提示して物語を作ってもらう絵画統覚テスト（TAT）、ロールシャッハテストなども投影法の個別技術として用いられる。

3）事　　例

　モチベーションリサーチの伝説的成果を紹介しよう（Haire, 1950）。1940年代後半の、ネスレ社が開発したインスタントコーヒー「ネスカフェ」に関する調査である。

　「ネスカフェ」発売前のブラインドテスト（調査対象者には、コーヒーが「ネスカフェ」かレギュラーコーヒーかをわからないようにした試飲調査）では、「ネスカフェ」はレギュラーコーヒーに引けを取らない味と評価され、新製品には大きな期待が寄せられていた。しかし、発売後の「ネスカフェ」の売上は予想を裏切るものだった。ネスレ社は主婦を対象にインスタントコーヒーを購入しない理由を繰り返し調査したが、答えは「ネスカフェ」の香りと味への不満であり、ブラインドテストの結果とは矛盾していた。そこで、消費者が抱えている内面的な理由を調査すべくモチベーションリサーチが行われた。

　方法は次のとおりだった。100人の主婦を2つのグループに分け、グループによって異なる架空の女性の買物リストを見せた（表8-1）。一方の買物リストには「牛ひき肉1.5ポンド」「ワンダーブレッド2個」「ニンジン」「ラムフォードベーキングパウダー1缶」「ネスカフェ・インスタントコーヒー」

表8-1　2種類の買物リスト

買物リスト1	買物リスト2
牛ひき肉1.5ポンド ワンダーブレッド2個 ニンジン ラムフォードベーキングパウダー1缶 ネスカフェ・インスタントコーヒー デルモンテ桃缶詰2缶 ジャガイモ5ポンド	牛ひき肉1.5ポンド ワンダーブレッド2個 ニンジン ラムフォードベーキングパウダー1缶 マクスウェルハウスコーヒー粉1ポンド デルモンテ桃缶詰2缶 ジャガイモ5ポンド

出所：Haire（1950）から筆者が作成。

「デルモンテ桃缶詰2缶」「ジャガイモ5ポンド」と書かれている。他方の買物リストは、「ネスカフェ・インスタントコーヒー」のところが、「マクスウェルハウスのレギュラーコーヒー粉1ポンド」となっていた。対象者はこのリストいずれかを提示され、リストの持ち主の女性はどのような人か描写するよう求められた。

調査から明らかになったことは、「ネスカフェ」インスタントコーヒーを買っている女性は、怠け者で無駄遣いしやすい人物と見られている事実であった。主婦がインスタントコーヒーを買わない真の理由は、香りや味ではなく、周りから良くない印象を持たれる懸念だったのである。この結果を受けてネスレ社は、大事な家事に時間を割けるようにネスカフェを使おうと訴求するキャンペーンを展開し売上増大に成功した。

モチベーションリサーチはこのほかにも、次々と隠れた動機を明らかにしていった。石鹸は値段や見かけ、泡立ちや色の組み合わせに加えて、石鹸自身のパーソナリティ（性格）によって判断される。男性にとってコンバーティブルは情婦であり、セダンは妻である。水で溶いて焼くだけのケーキミックスが売れないのは、主婦がケーキ作りで得ている賞賛を失うことへの懸念と手抜きへの罪悪感が原因である、などである（犬田・佐竹, 1964）。

4）評　　価

モチベーションリサーチ最大の貢献は、人は古典的経済学の前提とは異なり、必ずしも合理的に行動しているわけではないと明らかにしたことにある。他方で、モチベーションリサーチの解釈は分析者の名人芸に頼る傾向があり、客観性の欠如が指摘されている。また、モチベーションリサーチから明らかにされる「なぜ」は、現象の事後的解釈にすぎないとの指摘もある。消費者行動が「なぜ」起こったかを事後に説明できるとしても、どのような条件下でいかなる行動が生起するかを予測することは困難というのである（犬田・佐竹, 1964）。

3　フォーカス・グループ・インタビュー

1）理論的立場

　フォーカス・グループ・インタビューは、選ばれた複数の個人によって行われる特定の話題についての形式ばらない議論であり、集団で討議することが特徴である（ヴォーン他，1999）。1930年代にはさまざまな場所と分野で行われるようになっていたが、米国の社会学者ロバート・マートン（Merton, R. K.）に考案者の名誉が帰されることが多い。以来、学術研究目的よりは商業的な情報収集の技法として広く世界で活用されてきた。

　理論的には3種類の立場が区別でき、それぞれで生み出される知識、適合する研究目的、実施方法が異なっている（Catterall & Maclaran, 2006）。一つは、言説的／認知的アプローチである。消費者がどのように考えているか、行動しているか、感じているかを知りたければ、それを尋ねればよいという単純明快な前提に基づいたアプローチである。モデレータは、参加者に発言の機会を与え、発言内容が客観的な解釈に陥らないように配慮すればよい。得られた反応は文字どおりに受け取られ、要約されて報告される。

　二つ目は、精神力動論[*]や人間性心理学[*]に理論的影響を受けた、精神力動的・人間性アプローチである。人々が直接的質問に対して自分の態度を表明し、自分たちの行動について議論するという言説的／認知的アプローチは単純すぎると考える。人の態度や行動の真の決定要因は消費者自身が意識できないので、その要因に接近したければ、投影法などの間接的な質問方法を用いて集団力学（グループダイナミックス）を活用すべきと主張する。

　最後が、分析的／文化言語的なアプローチである。人々の行動は彼らに共有されている文化的な意味システムのもとで形成されており、意味システムを同定すれば行動の要因を明らかにできる、という前提に立つ。したがって、焦点は個々の消費者ではなく、文化と消費に当てられる。参加者にとって、日常生活では当たり前と捉えられている意味システムは、単に質問したりプロービング（対象者にさらに詳しく答えてもらうように追加の質問を行うこと。プロー

ビングの原義は、探り針で調べること）したりするだけでは明らかにならない。フォーカス・グループ・インタビューでは、ある参加者にとっては当たり前だが他の参加者にはそうではない態度や経験を糸口に、参加者同士の議論を活性化して、意味システムを明らかにする。

2）調査手法

　フォーカス・グループ・インタビューの理論的前提が異なれば、実施方法も異なり、集団の編成方法や、モデレータに必要な技術にも違いが現れる。しかし、いずれのアプローチをとっても実施形態には相当程度の一致が見られる。

　フォーカス・グループ・インタビューの実施時間は通常1時間半から2時間である。集団の人数は最大で8人とされるが、米国では最大12名の場合もある。また、参加者は、鍵となる人口統計や社会経済的地位、課題に関する知識や経験が同質であることが望ましい。ただし、互いに見知らぬ人同士で構成することが一般的である。見知らぬ人の間での方が知人の間でよりも、人は多くの情報を明かすことが知られている。

3）評　　　価

　フォーカス・グループ・インタビューは、実務的要請から発展してきた経緯もあり、学術的基礎の不十分さが指摘されている。特に、集団過程や集団力学という、この手法の最大の特徴について明確な理論的基盤が整っていないことは問題である（Catterall & Maclaran, 2006）。

　集団力学を肯定的に評価する議論では、集団力学によって参加者は安心感と匿名性を得て、生産性（例えば、産出されるアイデアの数などで測定される）が高まると主張される。この立場では、患者と治療者との交流や患者同士のやりとりによって、集団の中で患者の人格や行動を改善していく集団精神療法（グループセラピー）研究を参照して、「全体としての集団」から得られる情報は、集団成員個人から得られる情報の総和以上であると考える。したがって、モデレータは、個人の集まりを「全体としての集団」として機能させ、参加

者が態度や感情を表出して成果が最大化するように誘導することが大切となる。

他方、集団力学の作用に対して否定的な見解は、社会心理学の研究成果に基礎を置いている。集団による討議には集団規範が出現して表出される意見が歪むこと、参加者にモデレータが喜びそうな意見や社会的に望ましいと思う考えを述べる傾向が発生すること、議論を経ると個人の意見は個人ごとの反応よりも極端になること、などが知られており、いずれもフォーカス・グループ・インタビューで収集されるデータの質に対して負の効果を示唆している。

4 ザルトマンメタファー導出技法（ZMET）

1）理論的立場

ザルトマンメタファー導出技法（ZMET：Zaltman Metaphor Elicitation Technique）は、1990年代に着想された消費者調査手法で、消費者の意識や心理を探るためにイメージやメタファー（アナロジーや比喩）を活用する点に特徴がある。これまでに、モトローラ、コカ・コーラ、プロクター・アンド・ギャンブルなどの多くの企業で活用されていることが報告されている（Zaltman & Higie, 1993; Zaltman & Coulter, 1995; Pink, 1998; ザルトマン, 2005）。

ザルトマンらは、消費者は自分の知識や行動を表すメンタルモデルを持っており、これが消費者自身の思考や行動を駆動すると仮定している。メンタルモデルとは、世の中がどのように機能しているかを本人なりに説明する関連諸概念のまとまりである。例えば、「価格が安いものは、品質が悪い」「ドイツ製の機械は高性能である」などの認識がメンタルモデルの例である。人々が持つメンタルモデルは互いに違いがあるが一定の共通性もある。そのような複数の人に共有されるメンタルモデルをコンセンサスマップと呼ぶ。

さらに、ザルトマンらは、消費者の思考は言語ではなくイメージで行われていること、思考の中心はメタファーによること、思考は無意識に行われて

いることを強調する。したがって、消費者のメンタルモデルを取り出して彼らの思考や感情を理解するには、メタファー活用が鍵となると考える。

2）調査手続き

　一つのプロジェクトにつき通常20名の参加者が集められ、参加者は調査主題についての説明書と調査ガイドを手渡される。調査主題には、ブランドやサービス、製品の使用感、製品のデザインなど多様なものが取り上げられる。参加者は、与えられた主題について自分にとっての意味を表す写真を、自分で撮影したり雑誌などから集めたりするように教示される。1週間から10日後に、1対1のインタビューが行われる。

　インタビューは10のステップからなり、約2時間行われる（表8-2）。まず、「物語」である。参加者は1週間から10日にわたって主題について考えているので、話したいことや物語を持っている。例えば、「下着に関する調査」に参加した女性は、13枚の画像を持参して、それぞれが下着とどのように関係しているかを語った。写真の1枚には、電話機が映っていてそのコードがねじれていた。参加者は、下着を着たときにねじれて、暑苦しくて、心地悪い感じを表現していると語った。次のステップは、「手に入らなかったテーマと画像」である。参加者は、見つからなかったテーマや、どのような写真ならばそれをうまく表現できるかを説明する。第3ステップは、「分類」である。参加者は、持参した画像をいくつかの意味ある山に分け、それ

表8-2　ZMETのインタビュー手順

- 第1ステップ：物語
- 第2ステップ：手に入らなかったテーマと画像
- 第3ステップ：分類
- 第4ステップ：構成概念の導出（レパートリー・グリッド法とラダリング法）
- 第5ステップ：自分の感情を最もよく表す画像
- 第6ステップ：反対のイメージ
- 第7ステップ：視覚以外の感覚表現
- 第8ステップ：メンタルマップづくり
- 第9ステップ：サマリーイメージ／コラージュづくり
- 第10ステップ：短編ストーリーづくり

出所：Zaltman & Higie（1993）、Zaltman & Coulter（1995）を参考に筆者が作成。

それの山に名前や説明をつける。この作業を通じて、参加者にとっての主な概念を明確化する。「経済的成功に関する調査」の例では、ある対象者は23枚の画像を用いて8つの山を作り、それぞれの山に「社会的事柄や情況」「生活空間」「個人の身だしなみや健康」「余暇活動」「継続的教育」「家族」「移動」「経済的成功を感じている人」と名づけた。第4ステップでは、レパートリー・グリッド法（構成概念に対する認識を述べる際に利用する属性を特定する技法）とラダリング法を行う（ラダリング法については次節参照）。具体的には、対象者が持参した画像3枚を選び、対象者に類似した2枚とそうでない1枚に分けるよう求め、両者の差異を尋ねる。そして、好意的な説明が与えられた画像については、なぜそのことが対象者にとって重要なのかを、また、非好意的な説明が与えられた画像については、なぜそれがないことが対象者にとって重要かを尋ねる。第5ステップでは、自分の感情を最もよく表す画像を選んでもらい、それを説明してもらう。第6ステップでは、与えられた課題とは反対のイメージをあげ、その理由の説明を求める。第7ステップでは、これまでに探ってきた概念を表すものと表さないものとを、味や感触、匂い、色や音などの視覚以外の感覚を用いて表現するよう求める。「経済的な成功に関する調査」では、海の香りでありディーゼル排気の臭いではない、羽毛布団やクッションの感触でありぬるぬるしていない、キャビアやバタースコッチキャンデーの味でありオレンジピールの味ではないことなどが語られた。参加者はさらに、それぞれのイメージの意味を説明する。第8ステップは、メンタルマップづくりである。これまで検討してきた概念を再検討して、参加者は主題に関連する概念同士がどのようなつながりを持っているかを示す図を作成してもらう。第9ステップは、自分の画像ほかを使って、サマリーイメージやコラージュを作成し、対象者自身にとっての主題を表現する。最後の第10ステップでは、対象者は短編ストーリーか短いビデオ作品を作るように求められる。

　全対象者のインタビュー終了後には、インタビュー記録を点検して主要テーマや主要概念を確定し、合わせて概念の対関係を確認する。例えば、「価格が高い／低い」という概念と「品質が良い／悪い」という概念の組み合わ

せは、価格に対する認識が品質評価に影響することを示しているように、因果関係は概念の対関係に表現されている。続いて、コンセンサスマップを作製する。コンセンサスマップは、導き出された概念の結びつきを表す図で、最も多くの人が、最も頻繁に、最も多く考えるメンタルモデルを示したものである。

3）事　　例

　パンティストッキングに関する調査事例をみてみよう（Pink, 1998）。デュポン社では、電話調査やモールインターセプト調査（ショッピングモールなどで、通行人の中から調査条件に合致する人を調査会場に誘導して行う調査）などを通じて、女性がパンティストッキング着用を嫌っていることをつかんでいた。しかし、女性の心の中に何が潜んでいるのかに確信が持てなかった。そこで、ザルトマンメタファー導出技法が用いられた。

　結果には新しい発見があった。それまでの調査では得られなかった色合い、手触り、深みについての理解が得られ、同時にパンティストッキングの肯定的側面が明らかにされた。例えば、ひとりの女性は、パンティストッキングが自分を細く背を高くみせてくれるという。また、直接的なインタビューでは知ることが難しい性的な感情も明らかになった。対象者は、パンティストッキングによって脚が長くみえることが重要なわけは、男性が長い脚が好きで自分がセクシーと感じるからだという。この発見に基づいて、デュポン社はパンティストッキングの広告に、能力が高いキャリアウーマンを登場させるだけでなく、セクシーさや性的魅力をそこに含める施策を導入した。

4）評　　価

　ザルトマンメタファー導出技法の貢献は、メタファーやイメージを利用して無意識下の思考や行動を探り出す方法を提案していることである。他方、十分な訓練を積んだインタビュアーと分析者が必要とされているように、誰でもが同じ結果を得られる手法とはなっておらず、解釈の恣意性に対する疑問は残っている。実務的には、きわめて労働集約的業務となる点も改善の余

地がある。

5　ラダリング法

1）理論的立場

　手段目的連鎖モデル（MEC model：means-end chain model）とラダリング調査法（laddering）は1980年代から、消費者行動研究、広告実務分野で幅広く活用されるようになった理論枠組みと調査手法である。現代社会では、消費行動によって自分自身のアイデンティティを表現し、ライフスタイルを創造しようとする傾向が強まっている（飽戸, 1999）。ラダリング法は、消費者の価値システムに着目し、消費者の価値観を中核に置いて、これがブランドや製品の選好や選択に実現して、ライフスタイルを表現している様子を、目に見える形式で取り出すことができる。

　手段目的連鎖モデルでは、ブランドや商品が持つ属性やベネフィットと、

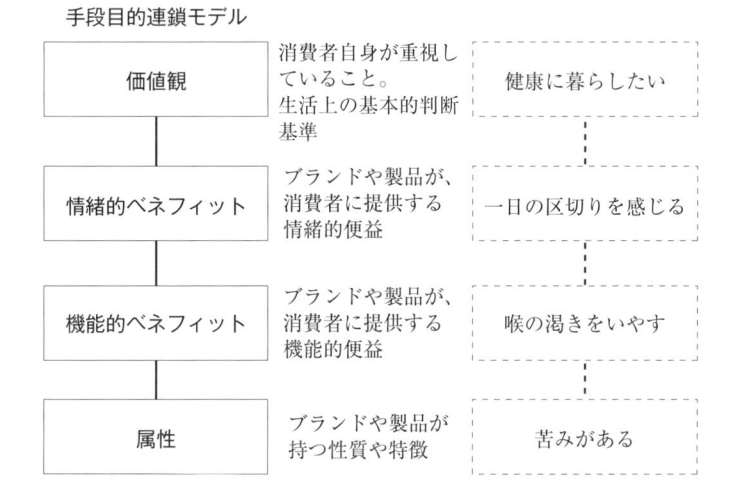

図8-1　手段目的連鎖モデル

手段目的連鎖モデル		
価値観	消費者自身が重視していること。生活上の基本的判断基準	健康に暮らしたい
情緒的ベネフィット	ブランドや製品が、消費者に提供する情緒的便益	一日の区切りを感じる
機能的ベネフィット	ブランドや製品が、消費者に提供する機能的便益	喉の渇きをいやす
属性	ブランドや製品が持つ性質や特徴	苦みがある

第8章　消費者調査（質的調査を中心に）　169

消費者が持つ価値観とが対応関係を持つことを前提としている。そこでは、ブランドや製品、サービスの属性がより抽象的な目的（ベネフィット）のための手段となり、それがさらに消費者の価値観を目的としたときの手段になる形で連鎖していると考えられている（Gutman, 1982; 丸岡, 1998）（図8-1）。

　例えば、「苦み」の効いたビールを好む人がいたとしよう。この人にとって、「苦み」は「喉の渇きをいやす」目的に対して手段となっている。そして、「喉の渇きをいやす」ことは、「一日の区切りを感じる」という目的に対して手段となっている。さらに、「一日の区切りを感じる」ことは、「健康に暮らしたい」という価値観を満たすための手段と考えることができる。このように、あるブランドや製品の持つ属性が、手段と目的の連鎖を経由して、消費者自身が持つ価値観に結びつくと、当該ブランドや商品が好まれ、選択されやすくなると考えるのである。

2）調査手続き

　調査は、1対1の面接が基本である。インタビューではまず、課題ブランドや商品とその競合との間に、消費者が認識している差異を導出する。次に、消費者があげた差異の中で重要なものについて「なぜ、この違いがあなたにとって重要なのですか」という質問をする。この質問への対象者の答えに対して再び同じ質問（「なぜ、そのことがあなたにとって重要なのですか」）を行い、対象者の回答が価値観に到達するまで続ける。このようにして、一つの差異から出発した梯子登り（ラダリング）が終了すると、次の差異について同じ手続きを繰り返す。

　分析ではまず、全対象者から得られた発言内容を、属性レベル、ベネフィットレベル、価値観レベルに分類する。続いて、各レベル内の類似概念同士をまとめ、この各概念カテゴリにコード番号を振りコード表を作成する。そして、コード表にしたがって全発言をコーディングする。一つの差異から出発し「なぜ、そのことがあなたにとって重要なのですか」という質問に導かれた一連の発言は、この段階でコードのならびに変換されたことになる。次に、ある概念カテゴリから別の概念カテゴリへ、すなわち、あるコードから

別のコードに進む発言の件数を数える。具体的には、表頭と表側にすべてのコードを並べ、表側のコードから表頭のコードの順で発言した対象者数を、行と列との交わるセルに記入したマトリクスを作成すればよい。これが、関連マトリクス（implication matrix）である。そして、関連マトリクスに含まれている、属性－ベネフィット－価値観の連鎖情報をわかりやすいかたちに図示して、階層的価値マップ（HVM：hierarchical value map）を作成する。

3）事　　　例

　ある設計機器メーカーでは、設計業務に携わる25名に調査を行い、同社の製品である設計室や設計機器に対するニーズを明らかにした（讃井, 1995）。まず、調査対象者に、さまざまな設計室を想起してもらい、そこに現在使用中の設計室などを加えて、各設計室間の差異を抽出する。ここでは対象者から、「オフィスが美しい／美しくない」「圧迫感がある／ない」「資料を参照しながら設計できる／できない」などの項目が得られた。

　次に、この調査では「○○だとどうしてよいのですか」という質問（梯子登りの質問）に加えて、「○○であるためには、何がどうなっていることが必要だとお考えですか」という質問（梯子降りの質問）も加えられた。前者の質問は価値観に近づく経路を、後者はさらに具体的な装備やスペックなどを導出する。例えば、「資料を参照しながら設計できる」から出発した場合には、梯子を登れば「作業能率があがる」という回答が、梯子を降りれば「製図を支援するためのスペースが確保されている」などの回答が得られた。さらに、もう一段、梯子を下るために「スペース確保には、何がどうなっていることが必要だとお考えですか」と尋ねると、「机を広くする」「サイドテーブルを設ける」などの詳細なスペックに言及があった。「資料を参照しながら製図ができる」ために「サイドテーブルを設ける」ことは、本調査によって初めて発見されたニーズであった。

4）評　　　価

　手段目的連鎖モデルの貢献は、ブランドや製品の属性の重要性を問題とす

るときに、単にある属性が重要と知るだけでは不十分であり、消費者にとってなぜその属性が重要かに注意を払うべきであることを示し、そのための具体的な方法を明らかにしたことである。つまり、属性やベネフィットの連鎖の仕方が意味を生み出し、消費者自身が持つ価値観との適合度が重要性を決定する理論的枠組みの提示とデータ取得方法の実用化である。

　他方、ラダリング調査についての批判の一つは、ラダリング調査が価値観やベネフィット、属性の間に本来は連鎖がない場合にも、もっともらしい連鎖を引き出してしまう可能性に対してである。パリパリとした食感の朝食用シリアルに関するラダリング調査で「パリパリしている→質感がある→おなかにたまる→スナックを食べない→減量→容姿の魅力向上→ロマンス」という回答があったとしても、この消費者が朝食用シリアルを食べるときに、常にロマンスと食感とを結びつけていると考えるのには無理があるというガットマンによる主張（Gutman, 1997）はうなずける。

6　エスノグラフィ

1）理論的立場

　エスノグラフィとは、他者の生活世界がどのようなものか、他者がいかなる意味世界を生きているかを、現場でありのままに研究する方法である（箕浦, 1999; Mariampolski, 2006; 小田, 2010）。マリノフスキーによって1922年に発表された「西太平洋の遠洋航海者」は、人類学にフィールドワーク手法を導入し、トロブリアンド諸島の「クラ」と呼ばれる交換の仕組みを明らかにしたエスノグラフィの初期の代表的成果である（マリノフスキー, 2010）。

　エスノグラフィは、文化の役割を重視し、文化と人々の行動との関係に焦点を当てる。文化とは、集団の態度や信念、規範、価値、ふるまい方の集積である。それは、人々の自己概念や日々の役割に意味を与える世界観や価値システムの基盤であり、人々の意識や願望を作り上げている社会環境の重要な構成要素となっている。例えば、年賀状を送ることを常識と考えるか、そ

れを虚礼と考えて送らないかの意思決定は、文化によって与えられた年賀状の意味をめぐる判断であるといえる。

2）調査手続き

エスノグラフィは、参与観察を中心として、面接、調査、文献収集など、現場に適切で、理論構築に有用と考えられる方法をすべて取り入れて、フィールドワークによって全体論的に進められる。

調査は次のステップで進行する（箕浦, 1999）（表8-3）。はじめは、全体的観察期であり、自らの観察、情報提供者との面接、関連する資料の幅広い収集を通じて、フィールドの全体像を把握する。

次に、研究設問（リサーチ・クエスチョン）を設定して焦点観察期に移行する。研究設問の設定とは、解答すべき「問い」を立て、現場を観察する視点を定めることである。研究設問に対応してフィールドでの観察すべき対象を定め、集中した観察を行うことが焦点観察である。いま、家庭をフィールドとして

表8-3　フィールドワークの進め方

全体的観察期	
フィールドに関する情報を網羅的に集め、フィールドの全体像を把握する。	フィールドに入る
	フィールドに関連する各種情報を収集する
	フィールド全体を観察する
	情報提供者と面接する
焦点的観察期	
自分が設定した問いに答えるために観察の単位を決め、特定の事象や対象について集中して観察する。	研究設問を立てる
	焦点を当てる事象や対象を定める
	観察単位を決める
	理論的枠組みの見通しを立てる
選択的観察期	
焦点を当てた対象や事象を読み解くための理論的視点を明確にすること、ならびに、理論的により精緻化した問いにそって観察データを蓄積する。	研究設問を再検討し、確定する
	理論的サンプリングを行う
	構成概念を定め、分析カテゴリを作る
	理論的仮説を生成する

出所：箕浦（1999）を参考に筆者が作図した。

「子どもはどのような消費者なのか」という問題意識で研究を進めているとしよう。全体的観察期には、協力が得られる家庭を探し、それら家庭の全体像を把握する。家族構成や消費の様子、子どもと消費との関わりを理解するとともに、既存研究に当たって消費者としての子どもについての知識の蓄積を確認する。焦点観察期では、「子どもは家庭でのブランド選択をどのように理解しているか」などの研究設問を設定し、子どもと家族とが一緒に買物に行った際の購買に焦点を当てて観察し記録するとともに、買物の後に親と子どもに買物時のブランド選択について面接して話を聞くなどの情報収集を行う。

　焦点観察の後には、選択的観察期に移る。この段階では、研究設問を再検討して確定するとともに、集めたデータの中から構成概念同士の関係を発見し、観察を蓄積していく。すなわち、データとの対話によって作り出される理論的仮説である。次項で紹介する「見えないブランド」研究では、「ブランドの新しさ」「ブランドと消費者との絆の強弱」「カムフラージュ」「保護色」「擬態」「群泳行動」「ブランドの見えない化」などの構成概念が抽出されている。そして、「ブランドの新しさ」が薄れてくると「カムフラージュ」が起こるなどの概念間の関係についての理論仮説が明らかにされている。

　全体的観察期、焦点的観察期、選択的観察期という3段階は、一方向に進むというよりは、並行したり反復したりして進められる。理論を生み出すためにデータを収集し、分析を進め、仮説を再検討するプロセスを循環する中で、徐々に理論的仮説が姿を現してくる。次のデータをどこで集めるかについての方略は理論的サンプリングによる。量的研究で用いられるような、母集団をなるべく忠実に反映する偏りのないサンプルを使う確率的サンプリングとは異なり、研究全体を通じて、理論やモデルを構築するために有用なサンプルを段階的に選択する手続きである。研究初期には、幅広い情報を提供してくれる接触しやすいサンプルが有用かもしれないし、研究設問が明確化した段階では、研究したい現象について豊かな情報を持つサンプルが選ばれるべきであろう。また、理論的枠組みが姿を現した段階には、仮説を覆す事例がないかどうかを知るべきである。

3）事　　例

　クープランドの「見えないブランド：家族と台所の食糧庫にあるブランドのエスノグラフィ」という標題の論文をみてみよう（Coupland, 2005）。クープランドは、これまでのブランド研究は、目立つブランドに関して多くの知見を蓄積してきたが、「見えないブランド」の研究は希薄であると指摘した。見えないブランドは、人々によって数多く所有されているにもかかわらず、日常的に家庭環境の中に紛れていて、家族の伝統だから、価格が手ごろだからなどの理由で買われ続けているのである。

　データ収集は、アッパーミドル階層に属する米国中西部の家庭で 16 ヶ月間にわたって行われた。家族との最初の打ち合わせでは、主たる情報提供者である当該家庭の主婦に文章完成法と描画課題に回答してもらった後、「このあたりの夕食時の様子はどのようなものですか」という質問から始まるインタビューを行った。インタビューは家族との小型フォーカス・グループ・インタビューに発展することもあった。後には、食料品の買物に同行したり、消費者とブランドとが市場でどのように交流しているかを観察したりし、夕食の準備、食事、片づけなど日常行動も観察し記録した。夕食や食品雑貨購入に関するインタビューと参与観察、不定期の投影法（例えば、文章完成法や描画）実施も加えて研究が進められた。個々の家庭ごとに 10 から 14 回のインタビューと訪問が行われ、その過程を通じて各家庭は研究者の存在にも慣れていった。収集したデータは文書で 900 ページ、写真は 500 枚を超えた。データ収集期間中に、見えないブランドに関するクープランドの洞察は、グラウンデッドセオリーアプローチ（GTA）方式でデータと対話しながら明確化されていった。

　明らかになったことは次のとおりである。彼らの自宅食糧庫には、何度も何度も買い続けているにもかかわらず、ほとんど言及されないブランドがある。これらブランドは、目立つブランドのように、家族のアイデンティティの一部分となったり、家族とブランドとの絆が意味を持ったりするのではなく、保管手順の点から言及される。そして、家族たちは、自然界のカムフラージュ（保護色、擬態、群泳行動）のような貯蔵戦略によって、これらブランド

を見えないブランドに変えて使用している。

4）評　　価

　エスノグラフィは、消費者行動の文化的側面に研究設問が設定され、消費者に全体的に接近する必要があるときに有効な手法である。例えば、携帯電話機のマーケティング戦略を立案する際に、それが使われる集団の文化を知ることは有益である。レストランや公共交通機関の中で通話することがどのように受け取られるのか、自筆の手紙や電子メール、固定電話などの他の通信手段が持つ意味が携帯電話の使用に関連を持つことは容易に想像できる。また、逸脱行為の意味を解明する際には、エスノグラフィが有効な研究手段となる。消費者行動研究の中では、買物中毒や万引き、アルコール依存、ドラッグ消費などの探求がそれに当たるだろう。質的研究一般に対する批判と同じく、エスノグラフィには主観的で科学的厳密さに欠ける点や、一般化可能性が低いこと、実務上は労働集約的業務が発生することなどの批判がある。

> **用語解説**
> **構成概念**：観察された事象を記述したり、事象間の関係を説明したりするために導入される消費者の内的状態や過程を説明するための考え。
> **行動主義心理学**：科学的心理学とは行動の科学であり、客観的に測定できない意識ではなく、直接観察可能な行動を研究対象として、刺激反応関係における法則性を解明することが目的であるとする立場。ワトソンらに代表される。
> **精神力動論**：人間行動の背後で、人の心の中で相互作用的な精神の力が働いていると捉える理論の総称。フロイトに始まる。
> **人間性心理学**：行動主義に反対し、人間を自由意志を持つ主体的な存在と捉えて、人間の内面に目を向けようとする心理学。マズローによって提唱された。

トピック：ブランドリレーションシップ

　ブランドリレーションシップとは、消費者とブランドとが持つ関係を指す概念である。時に消費者はブランドとの間に、人間同士の関係にも似た関係を結ぶ。そして、消費者がブランドとの間に抱く心理的な関係は、当該ブランドに対する行動にさまざまな影響を及ぼす。

　フォーニエは、マーケティング理論や実践の場でリレーションシップが重要視されているにもかかわらず、消費者－ブランド間のリレーションシップに関する実証研究がほとんどなされていないことを指摘し、ブランドリレーションシップに関わる構成概念への理解を深める創造的な質的調査を行った（Fournier, 1998）。

　対象者は59歳のバーテンダーのジーン、離婚したワーキングマザーで39歳のカレン、そして、23歳の大学院生ヴィッキィであった。彼女らは、社会経済的背景や年齢、ライフステージの違いに基づいて、対象者間の差異が大きくなるように目的的に選ばれた。インタビューは、情報提供者のブランド利用史と彼女らの生活世界に関する文脈的詳細情報が得られるよう企画され、3ヶ月の間に1人あたり12時間から15時間、4～5回に分けて家庭内で実施された。

　分析は、グラウンデッドセオリーアプローチ（GTA）の流れに従った。まず発言記録に基づく個性記述的分析によって、対象者の行動的、心理的な傾向が特定された。ケース横断分析では、消費者とブランドとの関係のパタンを見つけるために、収集された112の消費者－ブランド関係が分析対象とされた。

　ケースの横断的分析結果を簡単にみていこう。まず、ブランドリレーションシップを特徴づける7つの次元が見出された。それは、(1) 自主的（voluntary）－強制的（imposed）、(2) 肯定的（positive）－否定的（negative）、(3) 強烈（intense）－表面的（superficial）、(4) 持続的（enduring）－短期的（short-term）、(5) 公的（public）－私的（private）、(6) 公式的（formal）－非公式的（informal）、(7) 対称的（symmetric）－非対称的（asymmetric）であった。そして、これらの次元をまとめて分析した結果、15種類のリレーションシップ形態が明らかになった（表1）。リレーションシップの形態によって提供されるベネフィット、関係維持に必要な事柄、関係崩壊の過程がそれぞれ異なっている。

　さらにフォーニエは、強いブランドリレーションシップに関する35の物語

表1　消費者－ブランド間のリレーションシップ形態の類型

見合い結婚（Arranged marriages）
時々顔を合わせる友人／仲間（Casual friends/buddies）
便宜上の結婚（Marriages of convenience）
熱心な協力（Committed partnerships）
最高の友情（Best friendships）
細分化された友情（Compartmentalized friendships）
親戚関係（Kinships）
反発／回避駆動の関係（Rebounds/avoidance-driven relationships）
小児期の友情（Childhood friendships）
求婚（Courtships）
依存（Dependencies）
浮気（Flings）
反目（Enmities）
秘密の情事（Secret affairs）
隷属（Enslavements）

出所：Fournier（1998）のTABLE 1 を参考に筆者が作成。

を他と対比して、関係の安定性と耐久性に貢献する要因を検討した。この分析を通じて、六面からなる「ブランドリレーションシップの質」概念（BRQ: brand relationship quality construct）が導き出され、ブランドリレーションシップの質とその効果に関する予備的モデルにまとめられた（図1）。

　消費者とブランドとの関係は、一つひとつが独特で唯一であり、消費者とブランドとのさまざまの経験の集まりがそれを作り上げている。ブランドリレーションシップは、満足した経験と不満足なそれとの積算値、というほど単純なものではないことがわかる。

　これまでのブランド研究の多くは、包括的というより部分的であった。例えばマーケティングマネジメント上の必要から定義された特定の製品クラス内での研究や、自己概念などの特定の要素に焦点を当てた分析などがその例である。フォーニエの研究は、消費者とブランドとの関係を包括的に捉えようとしている点が特徴的であり、質的調査が有効に活用されている。

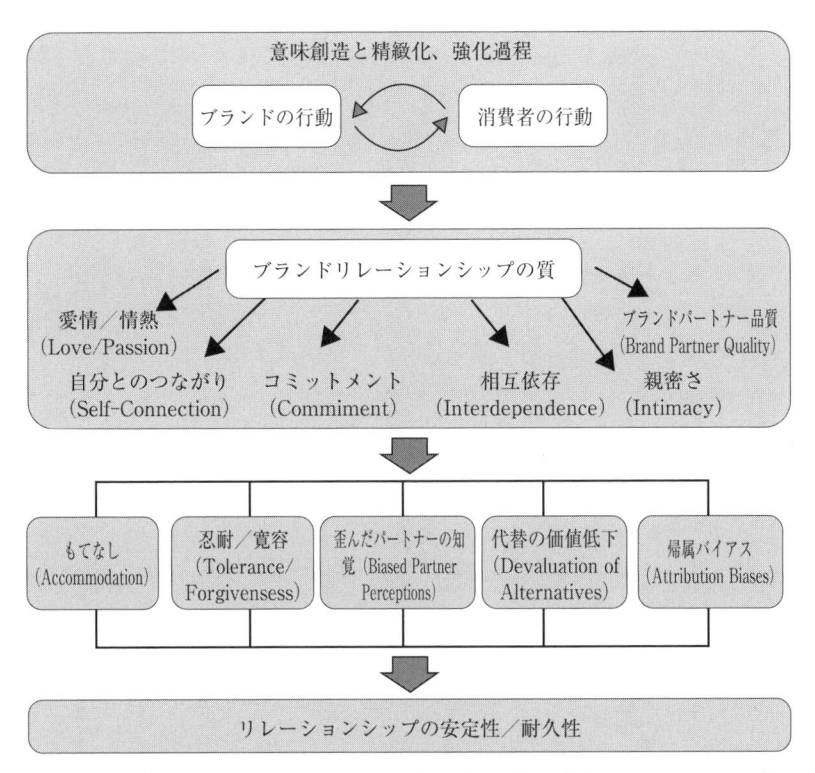

```
┌─────────────────────────────────────────┐
│     意味創造と精緻化、強化過程              │
│   ┌──────────┐    ┌──────────┐          │
│   │ブランドの行動│ ⇄ │消費者の行動│          │
│   └──────────┘    └──────────┘          │
└─────────────────────────────────────────┘
                    ⬇
┌─────────────────────────────────────────┐
│         ブランドリレーションシップの質       │
│  愛情/情熱                 ブランドパートナー品質 │
│ (Love/Passion)           (Brand Partner Quality)│
│ 自分とのつながり コミットメント 相互依存 親密さ   │
│(Self-Connection)(Commiment)(Interdependence)(Intimacy)│
└─────────────────────────────────────────┘
                    ⬇
┌─────────────────────────────────────────┐
│ もてなし  忍耐/寛容  歪んだパートナーの知 代替の価値低下 帰属バイアス │
│(Accommodation)(Tolerance/ 覚(Biased Partner (Devaluation of (Attribution Biases)│
│           Forgivensess) Perceptions)  Alternatives) │
└─────────────────────────────────────────┘
                    ⬇
┌─────────────────────────────────────────┐
│      リレーションシップの安定性/耐久性       │
└─────────────────────────────────────────┘
```

図1 ブランドリレーションシップの質と、それがリレーションシップの安定性に与える効果に関する予備的モデル

出所：Fournier（1998）の FIGURE 2 を参考に筆者が作成。

第9章
消費者行動研究のこれから

★章のねらい★

　この章では、特に、消費者行動研究の現状と新しい研究動向を概観する。まず、消費者行動研究が神経科学とも接点を持つなど、ますます学際的になっていることを指摘する。次に、近年話題となっている、消費者の潜在認知とその潜在的連合テストによる潜在認知測定の問題と消費者行動研究について述べる。そして、神経科学と接点を持つ、神経経済学やニューロマーケティングの問題と研究動向について説明を行う。さらに、消費者行動理論の基礎となる意思決定論の動向について説明し、最後に、その他の消費者行動の新しい研究動向について簡単に紹介する。これらによって、今後の消費者行動研究についての展望を試みる。

1　消費者行動研究の現状

　消費者行動研究の歴史的経緯については、中西、杉本、フォクサルの文献などに詳しいが（中西, 1984; 杉本, 1997b; Foxall, 2002)、消費者行動研究の理論的枠組みについては、第2章でも示されているように研究者によってさまざまなものが採用されており、意見の一致をみることは困難である。しかし、現代の消費者行動研究の基本的視点として、消費者の判断や意思決定や行動が、状況依存性を持っており、社会的文脈や状況に影響を受けるという基本的知見を共有している点は指摘できるであろう。例えば、このような状況依存性は、本書でも示されているベットマン（Bettman, J. R.）らによる情報処理

論的パラダイム*の諸研究や、2002年度のノーベル経済学賞受賞のカーネマン (Kahneman, D.) とその共同研究者のトヴェルスキー (Tversky, A.) によって研究された意思決定研究に顕著に認めることができる。

これまでも消費者行動研究は、主に心理学とマーケティング研究との複合領域であったが、近年になってその学際性は、多くの分野を巻き込んで非常に広いものになってきている。近年では、従来のような、社会心理学、認知心理学、心理物理学のような心理学との接点だけではなく、実験経済学 (experimental economics) や行動経済学 (behavioral economics) などの経済学分野との接点も生まれただけでなく、神経経済学 (neuroeconomics) やニューロマーケティング (neuromarketing) のような神経科学と接点を持った研究も生まれている。さらに、感性工学 (kansei engineering) などの工学分野でも、消費者行動研究は盛んに研究されている。

このような中で、消費者行動研究は、心理実験、脳画像を用いた実験など実験室研究も多くなっている。他方、実際のスーパーマーケットなどの消費の現場での、店舗内消費者行動がどのようになるかというような研究や実際の介入的研究もなされている（例えば、恩蔵・㈱DNPメディアクリエイト買い場研究所, 2010）。このように、消費者行動研究は、その方法においてもかなり多様になっており、これらの多様な方法で得た知見を統一的に理解しようという動きも出ている。

2　消費者の潜在的認知と潜在的連想テスト (IAT)

1）消費者の潜在認知とプライミング

消費者行動研究では、精神分析学*の影響を受けた1950年代のモチベーションリサーチの時代から、意識下の心理過程が消費者行動に影響を与えることを示唆してきた。また、サブリミナル知覚の問題など、潜在的認知過程が消費者行動に影響を及ぼすのかについて議論がなされてきた。これまでの消費者行動の研究から、Webページの色だとかバックグラウンドのデザイ

ンのような、商品自体とは関係のない情報が購買意思決定に影響を及ぼすことがわかっている。この現象は、心理学的にはプライミング効果（priming effect）の一種であると考えることができる。プライミング効果とは、意識させずに情報を提示することにより、次の作業の判断が速くなったり遅くなったり、あるいは正確になったり不正確になったりする作用のことである。インターネットのWebサイトでの商品購入画面の背景画やバナー広告などは、視覚的プライムとなって、プライミング効果を生じさせている可能性があるのである。

マンデルとジョンソンは、Webサイトの商品提示画面のバックグラウンドの画面を変えることによって、視覚的プライムを変え、判断や意思決定に及ぼすプライミング効果を検討している（Mandel & Johnson, 2002）。彼らの研究では、自動車とソファという2つの製品カテゴリーを用いており、各製品カテゴリーにつき2つの商品を提示している。「快適さ（自動車の場合は安全性）」を示す青空の背景情報のWebのデザインと、「お金」を示すプライムとなるコインの背景Webデザインを作成し、それぞれの条件のもとで選択実験を行った。実験仮説としては、快適さを示す画面で選択を行う被験者は値段が高くても快適なソファ（あるいは安全な自動車）をより多く選択し、コインのマークのある画面で選択を行う被験者は安くて経済的なソファ（あるいは安くて経済的な自動車）を選択しやすいというものであった。

このようなプライミング課題を用いた研究は、もともと認知心理学で多用され、その後、社会心理学で盛んに研究されてきていたが、近年消費者行動研究でも盛んに用いられるようになってきている。

2）潜在的連想テスト（IAT）

消費者の態度の測定は、消費者行動研究において、これまで、質問紙やインタビュー調査等を用いた、自己報告による顕在的な測定によって行われることが多かったが、しかし近年、質問紙で測定された態度と行動との一貫性がみられなかったり、測定された態度の信頼性が低いことから、顕在的測定の問題点が指摘されている。特に、態度の内容が社会的望ましさに関連して

いたり、被調査者が調査者の意図に応えようとする要求特性がある場合、測定された態度と実際の行動の相関が弱いものとなることが明らかになっている。また、被調査者は自身の態度に関して意識的な分析を行っておらず、態度の報告自体が不可能な場合があるとの知見もある（大久保他, 2007）。

このような問題を克服するために、消費者の非意識的な側面が測定可能な潜在的認知の測定手法が求められる。ここでは、特に、近年広がりを見せている潜在的連想テストについてとりあげる。

潜在的連想テスト（Implicit Association Test：IAT）は、グリーンウォルドらによって開発された、潜在的な態度の測定のためのテスト課題である（Greenwald et al., 1998）。なお、潜在的な態度とは、非意図的かつ自動的に活性化される態度のことである。IATは、ある対象と概念との結びつきが、カテゴリー分類課題の反応速度に反映されるというアイデアに基づいている。対となるターゲットカテゴリと、対となる属性カテゴリーの連合を測定する課題である。図9-1は「マクドナルドとモスバーガー」と「快－不快」との連合強度の測定を企図したIAT実験状況の模式図である。被験者は、画面中央にランダムに提示される一連の単語や画像を、画面上部の左右に示されるカテゴリーのどちらに当てはまるかを判断し、対応する左右のキーを押すように求められる。被験者は、できるだけ速く、かつ正確に分類を行うよう教示される。このとき、「マクドナルドと快」の連合が、「マクドナルドと不快」

図9-1 「マクドナルド－モスバーガー」を題材としたIAT
出所：大久保他（2007）。

の連合よりも強い場合、図9-1の左の課題の方が右の課題よりも分類が容易であり、反応速度も速くなる。「マクドナルドと快」の連合が、「マクドナルドと不快」の連合よりも弱い場合は、逆に図9-1左の課題の方が分類が困難であり、反応速度も遅くなる。この、課題間の反応速度の比較から、被験者の潜在的態度を測定するのである。

IATは実施が容易でありながら、社会的望ましさの影響を受けにくく、効果が頑健で、多様なカテゴリーが適用可能である等の利点を持つ。IATが提案された社会心理学の分野では、当初人種差別などの問題に適用されたが、今日ではリスク評価、臨床、脳神経科学など、急速に他領域へと研究の裾野を広げており、消費者行動研究への応用も行われるようになってきている（大久保他, 2007）。

3）消費者行動研究における IAT 適用

IATを用いた研究は、下記のように消費者行動研究でも用いられている。消費者のイメージを測定した研究としては、アメリカの大学生が「不健康な食べ物は美味しい」という潜在的な認知を持っているということを見出した研究があげられる（Raghunathan et al., 2006）。また、パーソナル・コンピュータを題材に、MacユーザーとWindowsユーザー間の、当該商品のイメージの差異を測定し、ブランドロイヤリティとの関連を検討した研究があげられる（Maison et al., 2004）。

消費者の行動予測については、数多くの研究で顕在的な測定とともに、ブランドの選好、消費などに説明力を持つことが示されている（大久保他, 2007; Richetin et al., 2007）。例えば、リチェティンらは、商品選択を従属変数とし、IAT効果と顕在尺度得点を説明変数とした分析を行っており（Richetin et al., 2007）、顕在尺度、IAT効果の両者が説明変数として有効であった。しかし、顕在尺度が説明力を持たず、IATによる潜在測定のみがブランドの選好を説明した研究例も多い（Friese et al., 2006; 大久保他, 2007）。

また、これまでのIATでは、2個の事象に関するIATを複数の被験者に行い、被験者間の反応時間の平均をもってIAT効果量を算出していたが、

井出野と竹村は複数の事象に関してIATを実施し、そのIAT効果量を非類似性の指標と考えて多次元尺度法で分析し、潜在認知マップを構成する方法を提案している（井出野・竹村, 2007）。この方法で、金融系の会社についてのIATから得られたイメージの潜在的概念マップの例が図9-2にある。井出野と竹村は、金融商品を購入する場合の各会社の潜在認知マップに適用している（井出野・竹村, 2006）。この研究では、都市銀行3行、証券会社2社、消費者金融2社、外資系金融1社の計8つの金融機関の潜在的概念マップが作成された。IATは、「金融機関A－金融機関B」をターゲット、「信頼－不信」を属性として実施されている。カテゴリ分類に用いた刺激は、金融機関に関しては街頭の看板やロゴなどの写真が用いられている。

　消費者行動の顕在的認知と潜在的認知の2側面は、精緻化見込みモデル（Elaboration Likelihood Model：ELM）（Petty & Cacioppo, 1986b）などを含む、並列

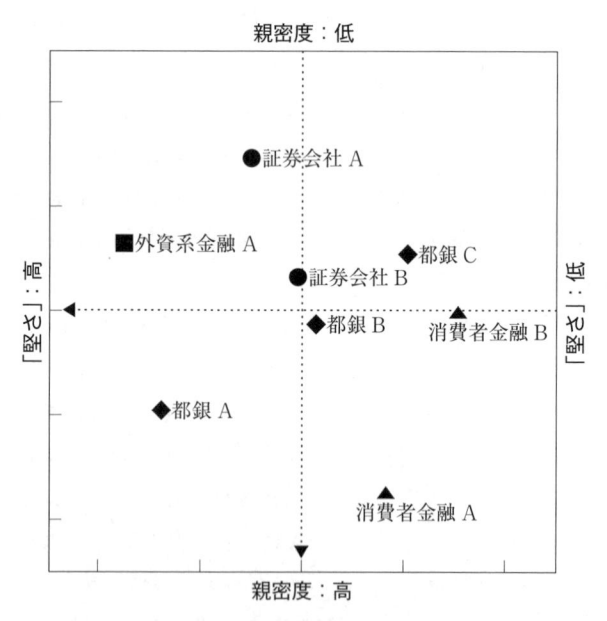

図9-2　IATによる金融機関の潜在認知マップ
出所：井出野・竹村（2006）。

的プロセスモデルと対応していると考えられる。人間の判断や意思決定において、このような並列的プロセスが存在することは、神経科学においても最近認められてきている (Sanfey, 2007a, b)。近年、神経経済学やニューロマーケティングの発展に伴い、神経科学的方法を用いた IAT での潜在認知と脳活動との関係についての研究も始まっている。

3 ニューロマーケティング

1) ニューロマーケティングとは

　ニューロマーケティング (neuromarketing) は、マーケティング、心理学、神経科学を統合しようとする研究領域であり、種々の理論的アプローチや実験的方法を用いて消費者の選択や意思決定のモデルとしてどれがふさわしいかを特定したり、消費者の意思決定現象の神経科学的基盤を明らかにして、マーケティング研究や実務に役立てようとする研究分野である（例えば、Fugate, 2007; Hubert & Kenning, 2008; Lee et al., 2007）。

　ヒューバーとケニングが、neuromarketing という用語で Google のヒット数を 2003 年から 2007 年まで時系列的に調べたところ、2005 年から徐々に増え出し 2006 年から 2007 年にかけて急激にヒット数が増加していることを明らかにしている (Hubert & Kenning, 2008)。また、筆者が、Google Trends を用いて、全世界の 2004 年から 2011 年 (1 月時点) までの neuromarketing という用語の検索指数を調べたところ、2004 年にニュース記事においてきわめて一時的に指数が上昇したことがあったが、検索数が継続的に増加しているのは 2007 年以降であり、これらのことから、ニューロマーケティングへの関心が年々上昇していることがうかがえる。

2) ニューロマーケティングとマーケティング実務

　わが国では、2005 年にザルトマンの『心脳マーケティング』が翻訳出版され (Zaltman, 2003)、ニューロマーケティング関係の話題が注目され出した

といえる。彼は、既存のマーケティングリサーチ手法、すなわち、定量調査とグループインタビューを中心とした定性調査からは、誤った解釈をもたらす可能性が高く、脳の機能を考えたマーケティングリサーチ手法が必要であると説き、独自の方法を提案している（Zaltman, 2003）。しかし、彼の提案する方法は、神経科学的研究を応用したものとはいえず、近年の神経経済学や神経科学を背景とした、いわゆるニューロマーケティングとは異なっている。また、2006年には脳科学者の茂木健一郎とマーケティング研究者の田中洋、電通ニューロマーケティング研究会が共同で『欲望解剖』という書籍を出版して（茂木他, 2006）、消費者行動やマーケティングについての新しい考えを提案している。ただし、ニューロマーケティング的観点の重要性を指摘してはいるが、実際に神経科学の知見を利用した研究をしているわけではない。ただし、この頃からマーケティングの研究者、実務家がかなりの程度、ニューロマーケティングに興味を持ち出したことがうかがえる。2008年には、リンドストロームの『買い物する脳』という本が出版され（Lindstrom, 2008）、脳機能画像測定装置を利用したいわゆるニューロマーケティングの手法が紹介され、実際のコンサルティング実務をニューロマーケティング手法を用いて行っていることが紹介されている。また、2008年には、日本消費者行動研究学会で、「ニューロマーケティングの可能性を探る」というシンポジウムが開催され、放射線総合医学研究所主任研究員（現京都大学医学部准教授）の高橋英彦が招待講演を行い、神経科学的研究法を用いたマーケティングリサーチの可能性と問題点について指摘している。また、こうした潮流を受けて、博報堂、オラクルひと・しくみ研究所なども、最近、ニューロマーケティングの研究体制を作っており、マーケティングの実務に役立てようとしている。

3）ニューロマーケティングの背景と研究経緯

　ニューロマーケーティングは、近年、人間の意思決定行動の神経科学的基盤を明らかにしようとすると神経経済学（neuroeconomics）の下位領域として把握されることが多くなっている（Fugate, 2007; Hubert & Kenning, 2008; Lee et al., 2007）。

このように、神経経済学やその下位領域としてのニューロマーケティングが進展してきた理由は、第一には、機能的核磁気共鳴画像（fMRI）や陽電子放射断層撮影装置（PET）などの非侵襲的脳活動計測法が発展し、これまでマーケティング研究者、心理学者、経済学者が行動実験のみで扱ってきた知見を、神経科学者と協同で明らかにできる体制が整ったことが指摘できる。実際、ニューロマーケティングとして、脳内の血流を測定する fMRI や PET などのほかに、脳波や皮膚電気活動の測定や、眼球運動測定なども含める立場もあるが、これらの測定装置は、数十年前からすでに開発されており、近年の動向ではない。第二には、これまで経済学に仮定されてきた「合理的経済人」の人間モデルに、多くの経済学者や心理学者が疑いを持ち、実際の人間の意思決定行動を記述し、それを理論化するという行動意思決定論（behavioral decision theory）や行動経済学（behavioral economics）が発展してきたということが指摘できる（竹村, 2009a, b）。これらの動きは、1978年のノーベル経済学賞のサイモン、同じく2002年同賞受賞者のカーネマンらの研究にもすでに現れている。また、これまで行動経済学の分野で活躍してきたフェール（Fehr, E.）やキャメラー（Cemerer, C.）らの研究グループが神経経済学で精力的な研究をしてきたことの影響が大きいように思われる。また、第三に、ニューロマーケティングが近年注目を浴びるようになった背景に、マーケティング研究の中で、これまでの質問紙法、ＷＥＢ調査、面接法、行動観察法に頼った消費者行動研究では、十分に行動の予測ができず、客観的なデータの裏づけがないという問題意識が実務家や研究者の間で高まってきたことも指摘できる。

　ニューロマーケティングが研究者の強い興味を引くようになったのは、2004年に *Neuron* という神経科学系の雑誌に、ベイラー医科大学の神経科学者モンタギュー（Montague, L. M.）らの研究グループがコカ・コーラとペプシコーラの選好に関する実験結果を報告したことに始まるといえる。彼らは、コカ・コーラが好きな被験者に対して、ブランド名を伏せた場合と伏せなかった場合について飲用中の脳の血流を fMRI で計測した（McClure et al., 2004）。その結果、前者の場合に、コカ・コーラを選んだ回数と前頭葉の腹内側前頭

葉前野(ventromedial prefrontal cortex)の脳活動とが有意に相関していた。このことは、腹内側前頭前野はブランド名にかかわらず、純粋に個人の嗜好性を表現していると解釈できる。他方、一つのカップにブランドのラベルを示して、他のカップを無記入(コカ・コーラかペプシのどちらかが入っている)にした条件では、コカ・コーラのラベルのあるカップの方を多く選ぶという結果が得られた。コカ・コーラの絵を見せた後にコカ・コーラを飲んだときと、何がくるかわからない刺激の後にコカ・コーラを飲んだときの脳活動を比べると、コカ・コーラの絵を見せた後には海馬(hippocampus)と背外側前頭前野(dorsolateral prefrontal cortex)などが有意に活動した。しかし、ペプシの絵を見せた後には有意に強い活動は認められなかった。このことから、消費者の欲求生起には、少なくとも2つのシステムが存在し、広告などのコミュニケーション戦略によるブランド情報によっては、本来の生理的な反応に基づく嗜好とは異なる選好が存在するということが示唆された。

このモンタギューらのグループの研究によって、マーケティングの研究者からは、マーケティングのコミュニケーション効果を側定する客観的な手法としてニューロマーケティングが注目を受け、また、神経科学者からは実社会のマーケティングの問題に神経科学的手法が使用可能であることが強く認識されるようになったのである。

4)ニューロマーケティングの研究知見

ニューロマーケティングにおける主要な脳の関心領域(region of interest:ROI)は、報酬関連領域と位置づけられる、線条体(striatum)を含む大脳基底核(basal ganglia)、扁桃体(amygdala)、そして前頭前野内側部(medial prefrontal cortex:MPFC)、前頭眼窩野(orbitofrontal cortex:OFC)(O'Doharty, 2004)と、葛藤事態でのコントロールプロセスと関連が深い前頭前野背外側部(dorsolateral prefrontal cortex:DLPFC)と前部帯状回(anterior cingulate cortex:ACC)、といった2つの領域を中心としてこれまで展開されてきた(竹村他, 2009b)。これらの脳部位の概略図を図9-3に示したが(竹村他, 2008)、サルや人を用いた多くの研究では、線条体、前頭前野内側部の活性が報酬の期待を

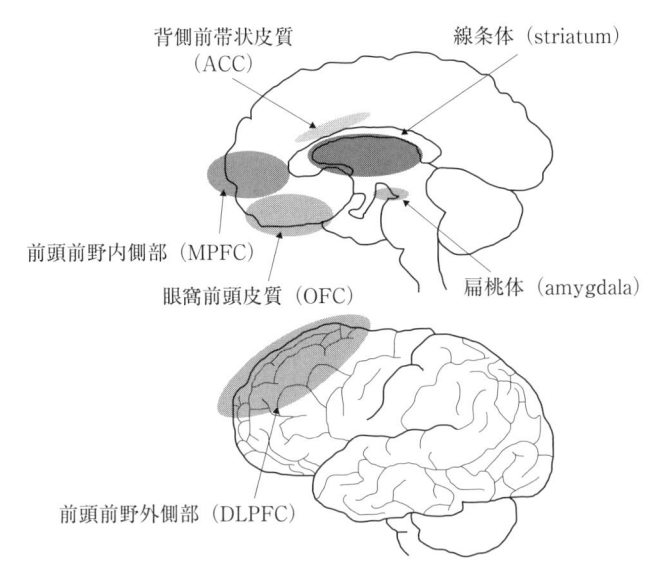

図9-3 ニューロマーケティングで対象領域となる主要な脳部位
出所：竹村他（2008）。

反映していることが示されており、最近では、実在するブランドや商品を題材とした評価過程と意思決定過程を扱った神経科学的研究知見が蓄積され出している。

クニュツーンらは、機能的核磁気共鳴画像法（fMRI）を用いて、被験者に実際の商品を提示した後に価格を提示し、購入するかどうかを決定させる実験を行った（Knutson et al., 2007）。その結果、商品の魅力が高いときほど、腹側線条体（ventral striatum）の側座核の活性が認められ、高い価格が提示されると島（insula）の活性が認められ、前頭前野内側部の活性が低下した（図9-3の脳部位参照）。この結果は、損失を処理するときの脳活動は一種の「痛み」の体験を表しているのに対し、利得を処理するときの脳活動は一種の「報酬」になっていることを示唆しており、少なくとも両者の処理が別種のものであることを示している。このことは、同じ金銭的な処理であっても、経済学の効用理論で仮定されているような単一の効用関数や反応関数で情報

処理をしているのではなく、消費者行動理論で仮定されることの多いプロスペクト理論のように、利得領域と損失領域の別々の価値関数で情報処理がなされていると解釈することができる。また、この研究知見は、ブランドの価値や価格に対する損失感や購買行動が、神経活動から予測することが可能であることを示唆している。

さらに、これまでの研究では、同じ報酬であっても予期に反して報酬をもらえなかった方が、予期どおりのときより前頭前野内側部（medial prefrontal cortex：MPFC）や側坐核（nucleus accumbens：NAcc）の活性がみられるという知見がある。これらの部位は、報酬系に関与していると考えられ、人間には、結果の最終的な状態ではなく、予期との差異のような認知要因に対応した脳活動が存在することを示唆している（竹村，2009a, b）。このことも、プロスペクト理論で説明されているフレーミング効果と対応している。この知見は、製品戦略や価格戦略の問題に敷衍すると、同じ商品の価格であっても、期待どおりかそうでないかに応じて脳活動が異なり、広告などのコミュニケーション戦略によって、後続する購買行動が変化することを示唆している。

この問題に関連して、ゴンザレスらは、同じ意思決定問題の言語表現をポジティブにするかネガティブにするかで人々の意思決定が異なり、ネガティブな表現ではリスク志向的な選択が行われやすいことを示し、リスクのある選択を行う場合、右背外側前頭前野（right dorsolateral prefrontal cortex）と頭頂間溝（intraparietal sulcus）の活性がみられることを fMRI を用いて見出した（Gonzalez et al., 2005）。このことも、マーケティング活動の問題に敷衍すると、コミュニケーション戦略による消費者の意思決定問題の把握のさせ方が脳活動にも影響を与えることを示唆している。さらに、デ・マルティノは、プロスペクト理論に対応する意思決定を fMRI を用いて検討した（De Martino et al., 2006）。利得を選択する状況ではリスク回避傾向が、損失を選択する状況でリスク志向が観察された。また、利得・損失状況ごとの脳機能画像の検討から、扁桃体（amygdala）を中心とする感情ベースの意思決定が選好の逆転に関与していることが示された。この研究では、意思決定の制御は前頭眼窩野（orbit frontal cortex：OFC）と前頭前野内側部が関与していることも示唆さ

れた（De Martino et al., 2006）。このことは、購買意思決定を制御するには、前頭眼窩野や前頭前野内側部の領域に影響を与えるコミュニケーション戦略をとることが有効であることを示唆している。

最後に、プラスマンらは、商品評価への価格の影響とその神経メカニズムを詳細に検討する興味深い研究を行っている（Plassmann et al., 2008）。彼らの実験では、数種類のワインを刺激に用い、ワインが実際に口腔に注入された時点で価格を対呈示し、fMRIにより脳機能画像を撮像した。その結果、高価格ワインが提示されたとき内側眼窩前頭野（medial orbitofrontal cortex：mOFC）を中心とした報酬関連部位の活性化がみられた。また、質問紙によるワインの好意度の評定結果においても、高価格なワインの方が低価格のワインよりも好まれることが示された。この結果から、前頭眼窩野内側部などの報酬関連部位の活動によって商品評価の推定が可能であることが示唆された。実在のブランドや商品を刺激に用いた他の研究においても被験者にとって評価が肯定的である刺激に対し、線条体、前頭前野内側部を中心とした報酬関連部位の活性化が報告されている（竹村, 2009a, b, c）。

5）ニューロマーケティングの今後

ニューロマーケティングで多用される脳画像を用いた研究蓄積により、ブランドへのロイヤリティの形成などの内的過程の検討が進展することが予測され、新たな視点が実務場面へ提供される可能性が存在する。このように、ニューロマーケティングの研究には、実務的な可能性が十分にある。ただし、問題となる消費者の情報処理過程と脳内の部位は、必ずしも一対一対応しておらず、ある情報処理は脳内のさまざまなネットワーク活動の中でなされていることに注意を向けて、実務的な問題を考える必要があると思われる。

ニューロマーケティングによる研究を標榜する企業の中には、脳波を用いて脳活動を調べているところが多いが、脳波のみを用いるニューロマーケティングの研究については、多くの神経科学者は懐疑的であるようである。脳波では、脳における表面的な電気活動しかわからず、神経経済学やニューロマーケティングが対象としているような深部の脳活動がよくわからないので

はないかという危惧がある。このような、脳波による測定の問題を克服するために、fMRI 実験を併用するということが考えられるが、しかし、本研究で紹介したような fMRI 実験は、装置自体も高価であり、研究機関から借用しても相当の研究費用がかかる。いくつかの企業では、一つの簡単な実験についても数百万円をかけて、ニューロマーケティングの手法で実験を行ったといわれている。ニューロマーケティング研究にかなりの費用がかかることは確かであるが、神経科学的手法によって、消費者の情報処理過程をより一層明らかにできることは確かである。今後、神経科学的方法を用いた消費者行動研究は、ますます増えていくものと思われる。

4　消費者行動理論の基礎理論となる行動意思論

1）非線形効用理論の発展と神経経済学との融合

　第 6 章でも示した、消費者行動理論の基礎となる期待効用理論においては、期待効用最大化基準は、確率測度に関するルベーグ積分の観点から捉えることができるが、プロスペクト理論で仮定されているような非加法的確率に関する期待効用に関しては、ルベーグ積分以外のいくつかの積分表示の仕方がある。工学のファジィ測度論の分野ではファジィ積分という積分の観点からのいくつかの積分表示がなされている。この中で、非線形効用理論やファジィ理論の研究者が精力的に研究しているのが、ショケ積分による期待効用である。この積分による期待効用理論は、ランク依存効用理論（rank dependent utility theory）とも呼ばれている。

　ショケ積分による期待効用は、以下のように示すことができる（Quiggin, 1993; 竹村, 2009a）。まず、自然の状態 $\theta_i \in \Omega$ が、選択肢 f による結果 $f(\theta_i)$ に対する効用 $u(f(\theta_i))$ に応じて、$u(f(\theta_1)) > u(f(\theta_2)) > u(f(\theta_n))$ のように順位づけられているとする。非加法的確率 p に関する有限集合上のショケ積分による期待効用は、

$$u(f(\theta_1))p(\theta_1) + \sum_{i=2}^{n} u(f(\theta_i))[p(\bigcup_{j=1}^{i}\theta_j) - p(\bigcup_{j=1}^{i-1}\theta_j)]$$

である。もし p が加法的測度であり、自然の状態 θ_j が互いに背反であれば、上の期待効用は、主観的期待効用理論によるものと一致する（Quiggin, 1993; 竹村, 2009a）。

ショケ積分による期待効用の表現は、ファジィ理論の体系や期待効用理論の体系の中でも扱われているが、第6章でも示したプロスペクト理論（Tversky & Kahneman, 1992）においても用いられている。また、これらの非線形効用理論は、多くの理論研究者によって近年も研究されている（竹村, 2009a; Wakker, 2010）。興味深いことに、これらの非線形効用理論と神経系経済学が融合して、非線形効用理論のパラメータを神経科学の脳画像研究から推定するという試みも最近では行われている（例えば、Takahashi et al., 2010）。

2）非効用理論的意思決定論

第7章でも示したギガレンザーらによって提唱されている高速倹約ヒューリスティックス（fast and frugal heuristics）のパラダイムに基づく研究では、高速倹約ヒューリスティックスを用いても比較的妥当性の高い意思決定ができることをさまざまな場面で例証してきた。特に、彼らは、高速倹約ヒューリスティックスの一つとしてのプライオリティ・ヒューリスティック（priority heuristic）の考えを提唱し、意思決定がほとんど一つの理由をもとに簡単に決められているという仮定のみでさまざまな意思決定現象を説明できることを示した（Brandstätter et al., 2006）。彼らは、期待効用理論やプロスペクト理論のように、結果の効用や価値と確率とを統合して人々が意思決定をするという意思決定理論の基本的仮定に疑問を呈している。このような点は、藤井と竹村によって提唱されている状況依存的焦点モデル（contingent focus model）（藤井・竹村, 2001）が、注意のメカニズムによる単純で一元的な意思決定過程を仮定し、プロスペクト理論のような確率加重関数と価値関数とを分けて議論をしていない点と共通している。これらの代替的モデルからは、従来の期待効用理論やプロスペクト理論とは異なる実験研究のパラダイムが

考えられる。今後は、プロスペクト理論以外の新しいモデルに基づくパラダイムでの神経経済学研究と連携をとりながら行動意思決定論を発展させる必要があるだろう。

　高速倹約ヒューリスティックスのパラダイムは、人間の意思決定が直列的な情報処理を経ることを仮定しているが、人間の意思決定の情報処理の並列性を仮定したコネクショニストモデル（connectionist model）による意思決定研究の新しい動向もある。コネクショニストモデルとは、脳の神経細胞をふまえた単純な処理ユニットのネットワークを用いて、人間の認知メカニズムを理解しようとするアプローチであり、並列分散処理モデル（parallel distributed processing model）やニューラルネットワークモデル（neural network model）とほぼ同じ意味で用いられている。このアプローチの意思決定研究もさまざまなものがあるが（都築・浅川, 2003; Busemeyer & Johnson, 2004)、代表的なものに、バスマイヤーとタウンゼント（Busemeyer & Townsend, 1993）によって提唱された決定フィールド理論（decision field theory）がある。決定フィールド理論は、新しい修正版も提案されており、意思決定過程のさまざまな現象を数理モデルや計算機シミュレーションなどを用いて説明しようとしている（Roe et al., 2001; Busemeyer & Johnson, 2004）。

5　その他の消費者行動研究の最前線

1）消費者行動研究の新動向の文献

　消費者行動の最新の研究は、海外の学術雑誌では、*Journal of Consumer Research*、*Journal of Consumer Psychology*、*Journal of Marketing Research*、*Advances in Consumer Research*、*Journal of Economic Psychology*、*Psychology and Marketing*、国内の学術雑誌では、「消費者行動研究」（日本消費者行動研究学会）、「広告科学」（日本広告学会）、「社会心理学研究」（日本社会心理学会）、「マーケティングサイエンス」（日本マーケティングサイエンス学会）、「産業・組織心理学研究」（産業・組織心理学会）などに論文として掲載されて

いる。

　また、最近の消費者行動研究について、「流通情報」という雑誌で、守口が「消費者行動研究のフロンティア」という特集を組んでいる（守口, 2009）。この特集では、竹村によるニューロマーケティングの解説もあるが（竹村, 2009c）、そのほかに、阿部による「解釈レベル理論と消費者行動研究」（阿部, 2009）、新倉による「感染・転移・源泉、そしてリアリティの消費者認知」（新倉, 2009）、石井による「消費者行動研究と制御焦点理論」（石井, 2009）、水野による「消費者行動の複雑性を解明する：エージェントベース・モデルの可能性」（水野, 2009）があった。この中でも、解釈レベル理論による消費者行動研究と、エージェントベース・モデルによるクチコミの消費者行動研究について、簡単に解説をしたい。

2）解釈レベル理論

　阿部は、解釈レベル理論（construct level theory）と消費者行動研究について解説している（阿部, 2009）。解釈レベル理論とは、もともと社会心理学の領域で発展した理論であり、人々が対象や出来事に対して感じる心理的距離に応じて、精神的表象が解釈レベルの高次のものと低次のものに分かれるといわれる。また、解釈レベルの高低は、選択基準の差異にもつながる。例えば、「時計付のラジオを評価するときに、音質は良いが時計の正確さが劣るラジオと、音質は優れないが時計は正確というラジオの二つについて、前者は時間的に遠い将来の選択の場合に評価が高まるのに対して、後者は近い将来の選択という条件で評価が高くなってくる」（阿部, 2009: 7頁）ということになる。

　解釈レベル理論が正しいとするならば、購買直前には、製品の副次的特徴に左右されて購買意思決定がなされ、購買より大分以前には、製品の基本的で本質的な特徴を重んじた購買意思決定がなされることになる。また、このことを、利用すると、テレビ広告や新聞広告など、購買より時間的にかなり前の段階に効果のある広告では、製品の本質的特徴を強調して、購買直前に効果のあるPOPやチラシなどでは、製品の副次的な特徴を強調すると効果

があることになる。解釈レベル理論は、実験場面での消費者行動においてはかなり研究されているが、現実の消費者行動についてはあまり研究されていない。阿部らの研究グループでは、この理論をもとにした消費者行動研究を行っているが、今後の研究が一層期待されている。

3）エージェントベース・モデルによる消費者行動研究

水野は、消費者行動研究において、エージェントベース・モデリング (agent-based modeling) の適用可能性について検討している（水野, 2009）。エージェントベース・モデリングとは、「多数のエージェントからなる『社会』のモデルをコンピュータ上に構築し、シミュレーションする手法である」（水野, 2009: 29頁）。この手法は、もともと工学分野で発展したものであるが、消費者行動研究では、クチコミの研究に使われることが多い。

クチコミ現象は、どうして生じるかについては、社会心理学、消費者行動研究でも昔から研究されてきた。しかし、ある消費者からある消費者へクチコミが伝わるミクロな過程は、調べようとしても、複雑すぎてよくわからなかった。しかし、このエージェントベース・モデリングによって、消費者をノードとし、消費者間の相互作用をノード間のリンクで表して、クチコミがどのような影響をもたらすかを計算機でシミュレーションすることができる。このようなシミュレーションによって、これまで複雑すぎてわかりにくかったクチコミのミクロな過程とその集合的挙動を予測することができる。水野は、エージェントベース・モデリングを用いた研究を行っており、また、このモデリングを用いたマーケティング実務も行われていると報告している（水野, 2009）。また、池田らの研究グループも、エージェントベース・モデリングと社会調査を連動させて、クチコミの消費者行動を研究している（池田, 2010）。エージェントベース・モデリングは、あくまでも計算機シミュレーションではあるが、消費者行動におけるミクロとマクロのリンクを解明する端緒になると期待できる。

|用語解説|

情報処理論的パラダイム：消費者行動研究において、消費者の情報処理のプロセスに焦点を当てた研究の枠組みである。ベットマン（Bettman, J. R.）らが中心となった消費者行動研究の代表的な研究パラダイムである。

精神分析学：フロイト（Freud, S.）によって創始された人間心理についての心理学理論と精神症状の治療技法についての体系である。人間行動における、無意識の役割を強調した。消費者行動研究においては、消費者の無意識的な動機づけを解明するモチベーションリサーチ研究に強い影響を与えている。

トピック：ニューロマーケティングの研究方法

ニューロマーケティングの研究では、機能的核磁気共鳴画像（fMRI）や陽電子放射断層撮影装置（PET）などの非侵襲的脳活動計測法を用いることが多い。例えば、ある実験条件を設定して意思決定課題や評価課題を被験者に行わせ、別の実験条件での課題での脳活動の比較を行う。ニューロマーケティング研究において典型的なfMRI実験の方法を、竹村らの実験を通じて、例示してみたい（竹村他，2009）。

この研究では、商品の背景情報の商品評価への効果を検討するために、夏に多く消費される商品と冬に多く消費される商品とを抽出し、夏・冬背景画像と商品が一致している条件と、背景と商品が不一致な条件で、消費者はどのように商品を評価するのかを、fMRIによる脳機能画像測定により、検討を行った。

実験はプライミング・パラダイムを応用して作成した2肢強制選択課題である。このような選択課題は、ニューロマーケティングの研究ではよく用いられる。この実験は、48試行から成り、各試行はプライミング・フェイズと選択フェイズの2つのフェイズから構成された。プライミング・フェイズでは、プライムとして2つの商品を継時的に呈示した。続く選択フェイズでは、プライムとして呈示された2商品を並列呈示されたターゲット刺激に対し、好ましい商品を強制的に選択させた。プライミング・フェイズは、48試行のうち半数である24試行を2つの商品と同時に背景画像を提示する背景付加条件、24試行では背景を提示しない統制条件で構成された。また、プライムの背景情報と商品との関連について、商品と連想価の高い背景画像が同時提示された条件（以下、背景一致条件）と、商品と連想価の低い背景画像が同時にされた

条件(以下、背景不一致条件)の2条件を設けた(図1)。背景情報の選好への影響を検討するため、背景付加条件(背景一致条件・背景不一致条件)、統制条件の脳機能画像を比較検討し、また、背景情報による選択への影響を検討するために、背景一致条件と背景不一致条件とターゲット呈示時の脳機能画像の比較検討を行った。得られた脳機能画像の一部を図2に示した(図2)。

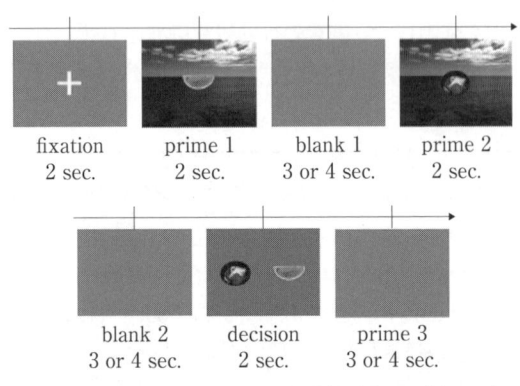

図1　fMRI実験における商品選択課題の試行の流れ
出所:竹村他(2009)。

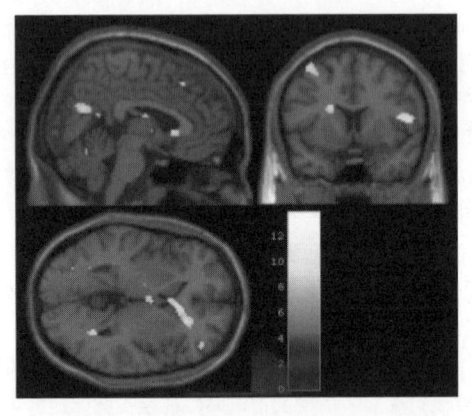

図2　fMRI実験における商品選択課題での脳機能画像の例
出所:竹村他(2009)。

文 献 一 覧

Ajzen, I. (1991), "The theory of planned behavior: Special issue: Theories of cognitive self-regulation," *Organizational Behavior and Human Decision Processes*, 50, 179-211.

Ajzen, I., & Fishbein, M. (1980), *Understanding attitudes and predicting social behavior*, Prentice-Hall.

Alba, J. W., & Hutchinson, J. W. (1987), "Dimensions of Consumer Expertise," *Journal of Consumer Research*, 13 (March), 411-454.

Assael, H. (2004), *Consumer Behavior: A Strategic Approach*, Houghton Mifflin Company.

Bettman, J. R. (1979), *An Information Processing Theory of Consumer Choice*, Addison-Wesley.

Bettman, J., Johnson, E. J., & Payne, J. W. (1991), "Consumer decision making," In Robertson, T. S., & Kassarjian, H. H. (Eds.), *Handbook of Consumer Behavior*, Prentice-Hall, 50-84.

Biehal, G. J. (1983), "Consumers' prior experiences and perceptions in auto repair choice," *Journal of Marketing*, Vol. 47, 87-91.

Blackwell, R. D., Miniard, P. W., & Engel, J. F. (2005), *Consumer Behavior*, 10th ed., Thomson.

Brandstätter, E., Gigerenzer, G., & Hertwig, R. (2006), "The priority heuristic: Making choices without trade-offs," *Psychological Review*, 113, 409-432.

Busemeyer, J. R., & Johnson, J. G. (2004), "Computational models of decision making," In Koehler, D. J., & Harvey, N. (Eds.), *Blackwell handbook of judgment and decision*, Blackwell Publishing, 133-154.

Busemeyer, J. R., & Townsend, J. T. (1993), "Decision field theory: A dynamic cognition approach to decision making," *Psychological Review*, 100, 432-459.

Camerer, C. F. (2000), "Prospect theory in the wild: Evidence from the field," In Kahneman, D., & Tversky, A. (Eds.), *Choices, values, and frames*, Cambridge University Press, 288-300.

Catterall, M., & Maclaran, P. (2006), "Focus groups in marketing research," In Belk, R. W. (Ed.), *Handbook of qualitative research methods in marketing*, Edward Elgar, 255-267.

Chan, E., & Sengupta, J. (2010), "Insincere flattery actually works: A dual attitudes perspective," *Journal of Marketing Research*, 47, 122-133.

Chiccheti, C., & Dubin, J. (1994), "A microeconometric analysis of risk-aversion and the self-insure," *Journal of Political Economy*, 102, 169-186.

Coupland, J. C. (2005), "Invisible brands: An ethnography of households and the brands in their kitchen pantries," *Journal of Consumer Research*, 32, 106-118.

De Martino, B., Kumaran, D., Seymour, B., & Dolan, R. J. (2006), "Frames, biases, and rational decision-making in the human brain," *Science*, 313 (5787), 684-687.

Diamond, W. D., & Campbell, L. (1989), "The Framing of Sales Promotions: Effects on Reference Price Change," *Advances in Consumer Research*, 16, 241-247.

Dichter, E. (1960), *The strategy of desire*, Doubleday. =多湖輝訳（1964）『欲望を創り出す戦略』ダイヤモンド社.

Dickson, P. R., Sawyer, G. (1990), "The price knowledge and search of supermarket shoppers," *Journal of Marketing*, 54, 42-53.

Drucker, P. F. (1974), *Management: Tasks, Responsibilities, Practices*, Harper & Row. =上田惇生訳（2008）『ドラッカー名著集13～15　マネジメント（上）(中)(下)』ダイヤモンド社.

Eagly, A. H., & Chaiken, S. (1993), *The psychology of attitudes*, Harcourt Brace College Publishers.

Edwards, W. (Ed.) (1992), *Utility theories: Measurements and applications*, Kluwer Academic Publishers.

Engel, J. F., Blackwell, R. D., & Miniard, P. W. (1993), *Consumer behavior*, 7th ed., Dryden Press.

Engel, J. F., Kollat, D. T., & Blackwell, R. D. (1968), *Consumer Behavior*, Holt, Rinehart and Winston.

Fazio, R. H., & Roskos-Ewoldsen, D. R. (1994), "Acting as we feel: When and how attitudes guide behavior," In Shavitt, S., & Brock, T. C. (Eds.), *Persuasion*, Allyn and Bacon, 71-93.

Festinger, L. (1954), "A theory of social comparison processes," *Human Relations*, 7, 117-140.

Festinger, L. (1957), *A theory of cognitive dissonance*, Stanford University Press. =末永俊郎監訳（1965）『認知的不協和の理論：社会心理学序説』誠信書房.

Fishbein, M., & Ajzen, I. (1975), *Belief, attitude, intention, and behavior: An introduction to theory and research*. Addison-Wesley.

Fishburn, P. C. (1988), *Nonlinear preference and utility theory*, Wheatsheaf Books.

Fleming, M. A., & Petty, R. E. (2000), "Identity and persuasion: An elaboration likelihood approach," In Terry, D. J., & Hogg, M. A. (Eds.), *Attitude, behavior and social context*, Erlbaum, 171-199.

Flick, U. (1995), *Qualitative Forschung*, Rowohlt Taschenbuch Verlag GmbH. =小田博志他訳（2002）『質的研究入門』春秋社.

Folkes, V., & Wheat, R. D. (1995), "Consumers' Price Perceptions of Promoted Products," *Journal of Retailing*, 71 (3), 317-328.

Fournier, S. (1998), "Consumers and their brands: Developing relationship theory in consumer research," *Journal of Consumer Research*, 24 (4), 343-373.

Foxall, G. R. (Ed.), (2002), *Consumer behaviour analysis: Critical perspectives on business and management*, Vol. 1, Routledge.

Friese, M., Wanke, M., & Plessner, H. (2006), "Implicit Consumer Preferences and Their Influence on Product Choice," *Psychology & Marketing*, 23 (9), 727-740.

Fugate, D. L. (2007), "Neuromarketing: a layman's look at neuroscience and its potential application to marketing practice," *Journal of Consumer Marketing*, 24, 385-394.

Gigerenzer, G. (2004), "Fast and Frugal heuristics: The tools of bounded rationality," In Koehler, D. J., & Harvey, N. (Eds.), *Blackwell handbook of judgment and decision*, Blackwell Publishing, 62-88.

Gigerenzer, G., & Goldstein, D. (1996), "Reasoning the fast and frugal way: Models of bounded rationality," *Psychological Review*, 103, 650-669.

Gigerenzer, G., Todd, P. M., & The ABC Research Group (Eds.) (1999), *Simple heuristics that make us smart*, Oxford University Press.

Gonzalez, C., Dana, J., Koshino, H., & Just, M. (2005), "The framing effect and risky decisions: Examing cognitive function with fMRI," *Journal of Economic Psychology*, 26, 1-20.

Greenwald, A. G., McGhee, D. E., & Schwartz, J. L. (1998), "Measuring individual differences in implicit cognition: the implicit association test," *Journal of Personality and Social Psychology*, 74 (6), 1464-1480.

Gutman, J. (1982), "A means end chain model based on consumer categorization processes," *Journal of Marketing*, 46 (2), 60-72.

Gutman, J. (1997), Means-end chains as goal hierarchies. *Psychology and Marketing*, 14 (6), 545-560.

Haire, M. (1950), Projective techniques in marketing research, *Journal of Marketing*, 14 (5), 649-656.

Hall, L., Johansson, P., Tärning, B., Sikström, S., & Deutgen, T. (2010), "Magic at the marketplace: Choice blindness for the taste of jam and the smell of tea," *Cognition*, 117 (1), 54-61.

Hawkins, D. I., Mothersbaugh, D. L., & Best, R. J. (2007), *Consumer Behavior: Building Marketing Strategy*, 10th ed., McGraw-Hill/Irwin.

Hirschman, E. C. (1986), "WASPS as Consumers: A Personal View," *Working Paper*, New York University.

Hirschman, E. C., & Holbrook, M. B. (1982), "Hedonic Consumption: Emerging Concepts, Methods, and Propositions," *Journal of Marketing*, Vol. 46, No. 3, 92-101.

Holbrook, M. B., & Hirschman, E. C. (1982), "The Experiential Aspects of Consumption: Consumer Fantasies, Feelings, and Fun," *Journal of Consumer Research*, Vol. 9, No. 2, 132-140.

Hovland, C. I., Janis, I. L., & Kelley, H. H. (1953), *Communication and persuasion: Psychological studies of opinion change*, Yale University Press.

Hovland, C. I., Lumsdaine, A. A., & Sheffield, F. D. (1949), *Experiments on mass communication*, Princeton University Press.

Hovland, C. I., & Weiss, W. (1951), "The influence of source credibility on communication effectiveness," *Public Opinion Quarterly*, 15, 635-650.
Howard, J. A. (1989), *Consumer behavior in marketing strategy*, Prentice Hall.
Howard, J. A., & Sheth, J. N. (1969), *The Theory of Buyer Behavior*, John Wiley & Sons.
Hubert, M., & Kenning, P. (2008), "A current overview of consumer neuroscience," *Journal of Consumer Behaviour*, 7, 272-292.
Iyengar, S. (2010), *The Art of Choosing*, Twelve. =櫻井祐子訳 (2010)『選択の科学』文藝春秋.
Iyengar, S., & Lepper, M. R. (1999), "Rethinking the Value of Choice: A Cultural Perspective on Intrinsic Motivation," *Journal of Personality and Social Psychology*, Vol. 76, No. 3, 349-366.
Janis, I. L., & Feshbach, S. (1953), "Effects of fear-arousing communications," *Journal of Abnormal and Social Psychology*, 48, 78-92.
Johansson, P., Hall, L., Sikström, S., & Olsson, A. (2005), "Failure to detect mismatches between intention and outcome in a simple decision task," *Science*, 310 (5745), 116-119.
Kahneman, D. (2002), *Autobiography*, The Nobel Fundation. =友野典男監訳 (2011)『ダニエル・カーネマン心理と経済を語る』第2章「自伝」楽工社.
Kahneman D., Knetsch, J. L., & Thaler, R. H. (1990), "Experimental Tests of Endowment Effect and the Coase Theorem," *Journal of Political Economy*, Vol. 98, No. 6, 1325-1348.
Kahneman, D., & Tversky, A. (1979), "Prospect theory: An analysis of decision under risk," *Econometrica*, 47, 263-291.
Kalwani, M. U., & Yim, C. K. (1992), "Consumer Price and Promotion Expectations: An Experimental Study," *Journal of Marketing Research*, 29 (1), 90-100.
Kardes, F. R., Cronley, M. L., & Cline, T. W. (2010), *Consumer Behavior*, China: South-Western, Cengage Learning.
Keller, K. L. (1998), *Strategic Brand Management*, Prentice-Hall.
Kelley, H. H., & Volkart, E. H. (1952), "The resistance to change of group anchored attitudes" *American Sociological Review*, 17, 453-465.
Knetsch, J. L. (1989), "The Endowment Effect and Evidence of Nonreversible Indifference Curves," *American Economic Review*, Vol. 79, 1277-1284.
Knetsch, J. L., & Sinden, J. A. (1984), "Willingness to Pay and Compensation Demanded: Experimental Evidence of an Unexpected Disparity in Measure of Value" *Quarterly Journal of Economics*, Vol. 99, 507-521.
Knutson, B, Rick, S., Wimmer, G. E., Prelec, D., & Loewenstein, G. (2007), "Neural Predictors of Purchases," *Neuron*, 53, 147-156.
Kojima, S. (1994), "Psychological approach to consumer buying decisions: Analysis of the psychological purse and psychology of price," *Japanese Psychological Research*, 36, 10-19.

Kotler, P., & Armstrong, G. (1997), *Marketing: An Indroduction*, 4th ed., Prentice-Hall. ＝恩藏直人監修、月谷真紀訳（1999）『コトラーのマーケティング入門』第4版、ピアソン・エデュケーション.

Kotler, P., & Keller, K. L. (2006), *Marketing Management*, 12th ed., Pearson Education. ＝恩藏直人監訳（2008）『コトラー&ケラーのマーケティング・マネジメント』第12版、ピアソン・エデュケーション.

Kraus, S. J. (1995), "Attitudes and the prediction of behavior: A meta-analysis of the empirical literature," *Personality and Social Psychology Bulletin*, 21, 58-75.

Krishna, A., & Johar, G. V. (1996), "Consumer Perceptions of Deals: Biasing Effects of Varying Deal Prices," *Journal of Experimental Psychology: Applied*, 2 (3), 187-206.

Latané, B. (1981), "The psychology of social impact," *American Psychologist*, 36, 343-356.

Lee, N., Broderick, A. J., & Chamberlain, L. (2007), "What is 'neuromarketing'? A discussion and agenda for future research," *International Journal of Psychophysiology*, 63, 199-204.

Levitt, T. (1960), "Marketing Myopia," *Harvard Business Review*, Vol.38, 45-46.

Lindstrom, M. (2008), *Buy-ology: Truth and lies about why we buy*, Doubleday. ＝千葉敏生訳（2008）『買い物する脳：驚くべきニューロマーケティングの世界』早川書房.

Maison, D., Greenwald, A, G., & Bruin, R. H. (2004), "Predictive Validity of the Implicit Association Test in Studies of Brands, Consumer Attitudes, and Behavior," *Journal of Consumer Psychology*, 14 (4), 405-415.

Malinowski, B. (1922), *Argonauts of the Western Pacific*, George Routledge & Sons. ＝増田義郎訳（2010）『西太平洋の遠洋航海者』講談社.

Mandel, N. & Johnson, E. J. (2002), "When Web pages influence choice: Effects of Visual primes on experts and novices," *Journal of Consumer Research*, 29, 235-245.

Mariampolski, H. (2006), *Ethnography for marketers: A guide to consumer immersion*, Sage Publications.

Mayhew, G. E., & Winer, R. S. (1992), "An Empirical Analysis of Internal and External Reference Prices Using Scanner Data," *Journal of Consumer Research*, 19 (1), 62-70.

McClure, S. M., Li, J., Tomlin, D., Cypert, K. S., Montague, L. M., & Montague, P. R. (2004), "Neural Correlates of Behavioral Preference for Culturally Familiar Drinks," *Neuron*, 44, 379-387.

Morrison, M. A., Haley, E. E., Sheehan, K. B., & Taylor, R. E. (Eds.) (2002), *Using qualitative research in advertising: Strategies, techniques, and applications*, Sage Publications.

Mowen, J. C. (1995), *Consumer behavior*, 4th ed., Macmillan.

Nicosia, F. M. (1966), *Consumer Decision Processes: Marketing and Advertising Implications*, Prentice-Hall. ＝野中郁次郎・羽路駒次訳（1979）『消費者の意思決定過程』東

洋経済新報社.
Norman, D. A. (1982), *Learning and Memory*, W. H. Freeman. ＝富田達彦訳 (1984)『認知心理学入門：学習と記憶』誠信書房.
O'Doherty, J. P. (2004), "Reward representations and reward-related learning in the human brain: insights from neuroimaging," *Current Opinion in Neurobiology*, 14, 769-776.
Odean, T. (1998), "Are investors reluctant to realize their losses?" *Journal of Finance*, 53, 1775-1798.
Peter, J. P., & Olson, J. C. (2010), *Consumer Behavior and Marketing Strategy*, 9th ed., McGraw-Hill.
Petty, R. E., & Cacioppo, J. T. (1981), *Attitude and Persuasion: Classic and Contemporary Approaches*, Westview Press.
Petty, R. E., & Cacioppo, J. T. (1986a), *Communication and persuasion: Central and peripheral routes to attitude change*, Springer-Verlag.
Petty, R. E., & Cacioppo, J. T. (1986b), "The elaboration likelihood model of persuasion," In Berkowitz, L. (Ed.), *Advances in Experimental Social Psychology*, Orlando, FL: Academic Press, 19, 123-205.
Petty, R. E., & Krosnick, J. A. (1995), *Attitude strength: Antecedents and consequences*, Vol. 4, Hillsdale, Lawrence Erlbaum Associates.
Pink, D. H. (1998), Metaphor marketing. In http://www.fastcompany.com/magazine/14/zaltman.html（最終アクセス日：2012 年 2 月 20 日）
Plassmann, H., O'Doherty, J., Shiv, B., & Rangel, A. (2008), "Marketing actions can modulate neural representations of experienced pleasantness," *PNAS*, 105, 1050-1054.
Quiggin, J. (1993), *Generalized expected utility theory: The rank dependent model*, Kluwer Academic Publishers.
Raghubir, P. (1998), "Coupon Value: A Signal for Price?" *Journal of Marketing Research*, 35 (3), 316-324.
Raghunathan, R., Naylor, R. W., & Hoyer, W. D. (2006), "The Unhealthy=Tasty Intuition and Its Effects on Taste Inferences, Enjoyment, and Choice of Food Products," *Journal of Marketing*, 70, 170-184.
Richetin, J., Perugini, M., Prestwich, A., & O'Gorman, R. (2007), "The IAT as a predictor of food choice: The case of fruits versus snacks," *International Journal of Psychology*, 42 (3), 166-173.
Roe, R., Busemeyer, J. R., & Townsend, J. T. (2001), "Multi-alternative decision field theory: A dynamic connectionist model of decision-making," *Psychological Review*, 108, 370-392.
Rogers, R. W., & Mewborn, C. R. (1976), "Fear appeals and attitude change: Effects of threat's noxiousness, probability of occurrence, and the efficacy of coping responses," *Journal of Personality and Social Psychology*, 34, 54-61.

Rosenberg, M. J., & Hovland, C. I. (1960), "Cognitive, affective and behavioral components of attitude" In Rosenberg, M. J., Hovland, C. I., McGuire, W. J., Abelson, R. P., & Brehm, J. W. (Eds.), *Attitude organization and change*, Yale University Press, 1-14.
Sanfey, A. G. (2007a), "Decision neuroscience: New directions in studies of judgment and decision making," *Current Directions in Psychological Science*, 16, 151-155.
Sanfey, A. G. (2007b), "Social decision making: Insights from game theory and neuroscience," *Science*, 318, 598-602.
Savage, L. J. (1954), *The foundations of statistics*, Wiley.
Schwartz, B. (2004), *The paradox of choice: Why more is less*, Harper Collins. =瑞穂のりこ訳 (2004)『なぜ選ぶたびに後悔するのか:「選択の自由」の落とし穴』ランダムハウス講談社.
Schwartz, B., Ward, A., Monterosso, J., Lyubomirsky, S., White, K., & Lehman, D. R. (2002), "Maximizing versus satisficing: Happiness is a matter of choice," *Journal of Personality and Social Psychology*, 83, 1178-1197.
Shefrin, H., & M. Statman (1985), "The disposition to sell winners tooearly and ride loser too long," *Journal of Finance*, 40, 777-790.
Sherif, M., & Hovland, C. I. (1961), *Social judgment: Assimilation and contrast effects in communication and attitude change*, Yale University Press.
Shirai, M. (2003), "Effects of Dealing Patterns on Consumers' Internal Reference Price, Deal Expectations, and Price Perceptions," *Proceedings of Hawaii International Conference on Business 2003*, 1-33.
Shocker, A. D., Ben-Akiva, M., Boccara, B., & Nedungadi, P. (1991), "Consideration Set Influences on Consumer Decision-Making and Choice: Issues, Models, and Suggestions," *Marketing Letters*, 2 (3), 181-197.
Simon, H. A. (1957), *Administrative behavior: A study of decision making process in administrative organization*, 2nd ed., Macmillan.
Smithson, M. (1989), *Ignorance and uncertainty: Emerging paradigms*, Springer-Verlag.
Smithson, M., Bartos, T., & Takemura, K. (2000), "Human Judgment under sample space ignorance," *Risk, Decision and Policy*, 5, 135-150.
Solomon, M. R. (2006), *Consumer Behavior: Buying, Having, and Being*, 7th ed., Pearson Education.
Sorensen, H. (2009), *Inside the Mind of the Shopper*, Pearson Prentice Hall. =大里真理子・スコフィールド素子訳 (2010)『「買う」と決める瞬間:ショッパーの心と行動を読み解く』ダイヤモンド社.
Stanovich, K. E. (1999), "Discrepancies between normative and descriptive models of decision making and the understanding/acceptance principle," *Cognitive Psychology*, Vol. 38, 349-385.
Stanovich, K. E. (2004), *The Robot's Rebellion: Finding Meaning in the Age of Darwin*,

University of Chicago Press. ＝椋田直子訳、鈴木宏昭解説（2008）『心は遺伝子の論理で決まるのか：二重過程モデルでみるヒトの合理性』みすず書房.
Sujan, M. (1985), "Consumer Knowledge: Effects on Evaluation Strategies Mediating Consumer Judgments," *Journal of Consumer Research*, 12 (1), 31-46.
Takahashi, H., Matsui, H., Camerer, C., Takano, H., Kodaka, F., Ideno, T., Okubo, O., Takemura, K., Arakawa, R., Eguchi, Y., Murai, T., Okubo, Y., Kato, M., Ito, H., & Suhara, T. (2010), "Dopamine D1 receptors and nonlinear probability weighting in risky choice," *Journal of Neuroscience*, 30 (49), 16567-16572.
Takemura, K. (1993), "Protocol analysis of multistage decision strategies," *Perceptual and Motor Skills*, 77, 459-469.
Takemura, K. (2000), "Vagueness in human judgment and decision making," In Liu, Z. Q., & Miyamoto, S. (Eds.), *Soft computing for human centered machines*, Springer Verlag, 249-281.
Thaler, R. H., & Ziemba, W. T. (1988), "Parimutuel betting markets: Racetracks and lotteries," *Journal of Economic Perspectives*, 2, 161-174.
Tulving, E. (1991),「人間の複数記憶システム」『科学』Vol. 61, No. 4, 263-270.
Tversky, A., & Kahneman, D. (1981), "The framing of decisions and the psychology of choice," *Science*, 211, 453-458.
Tversky, A., & Kahneman, D. (1992), "Advances in prospect theory: Cumulative representation of uncertainty," *Journal of Risk and Uncertainty*, 5, 297-323.
Tversky, A., & Simonson, I. (1993), "Context-Dependent Preference," *Management Science*, Vol. 39, No. 10, 1179-1189.
Underhill, P. (1999), *Why We Buy: The Science Shopping*, Simon & Schuster. ＝鈴木主税訳（2001）『なぜこの店で買ってしまうのか：ショッピングの科学』早川書房.
Vaughn, S., Schumm, J. S., & Sinagub, J. M. (1996), *Focus group interviews in education and psychology*, Sage Publications. ＝井下理監訳、田部井潤・柴原宣幸訳（1999）『グループ・インタビューの技法』慶應義塾大学出版会.
Wakker, P. (2010), *Prospect theory: For risk and ambiguity*, Cambridge University Press.
Werth, L., & Foerster, J. (2007), "How regulatory focus influences consumer behavior," *European Journal of Social Psychology*, 37, 33-51.
Willig, C. (2001), *Introducing qualitative research in psychology*, Open University Press. ＝上淵寿他訳（2003）『心理学のための質的研究入門：創造的な探求に向けて』培風館.
Wilson, T. D., Lindsey, S., & Schooler, T. Y. (2000), "A model of dual attitudes," *Psychological Review*, 107, 101-126.
Winer, R. S. (1986), "A Reference Price Model of Brand Choice for Frequently Purchased Products," *Journal of Consumer Research*, 13 (2), 250-256.
Zaltman, G. (2003), *How Customers Think*, Harvard Business School Press. ＝藤川佳則・阿久津聡訳（2005）『心脳マーケティング：顧客の無意識を解き明かす』ダイヤモンド社.

Zaltman, G., & Coulter, R. H. (1995), "Seeing the voice of the customer: Metaphor-based advertising research," *Journal of Advertising Research*, 35 (4), 35-51.

Zaltman, G., & Higie, R. A. (1993), *Seeing the voice of the customer: The Zaltman metaphor elicitation Technique*, Marketing Science Institute.

青木幸弘 (1989)「店頭研究の展開方向と店舗内消費者行動分析」田島義博・青木幸弘編著『店頭研究と消費者行動分析：店舗内購買行動分析とその周辺』誠文堂新光社，49-81.

青木幸弘 (1993)「『知識』概念と消費者情報処理」『消費者行動研究』第 1 巻第 1 号，1-18 頁.

飽戸弘 (1994)「政治経済心理学と深層心理アプローチ」飽戸弘（編著）『消費行動の社会心理学』福村出版，249-273.

飽戸弘 (1999)『売れ筋の法則：ライフスタイル戦略の再構築』ちくま新書.

阿部周造 (2009)「解釈レベル理論と消費者行動研究」『流通情報』41 (4), 6-11.

池田謙一編 (2010)『クチコミとネットワークの社会心理：消費と普及のサービスイノベーション研究』東京大学出版会.

石井裕明 (2009)「消費者行動研究と制御焦点理論」『流通情報』41(4), 20-28.

市川伸一編著 (1991)『心理測定法への招待：測定からみた心理学入門』サイエンス社.

井出野尚・竹村和久 (2006)『潜在的連想テストによるブランド・イメージ・マップの作成』日本消費者行動研究学会，第 33 回消費者行動研究コンファレンス発表予稿集.

井出野尚・竹村和久 (2007)『潜在的連想テストを用いたリスク・マップの作成 日本感性工学会研究論文集』7(1), 41-50.

犬田充・佐竹宣夫 (1964)『欲望をつくる心理：深層心理と消費者行動』講談社.

大久保重孝・井出野尚・竹村和久 (2007)「シリーズ『心理学研究の最前線』消費者心理学の最前線（第 2 回）―消費者行動における潜在的認知測定―潜在的連想テスト（Implicit Association Test: IAT）の適用可能性について」『繊維製品消費者科学』48(9), 578-584.

大久保重孝・諸上詩帆・竹村和久 (2006)「感情が商品選択における情報検索過程に及ぼす影響の実験研究」日本感性工学会第 17 回あいまいと感性研究部会ワークショップ講演論文集，58-63.

太田信夫 (1994)「潜在記憶にみる意識」『科学』Vol. 64 (No. 4), 248-254.

太田信夫 (1995)「潜在記憶：意識下の情報処理」『認知科学』Vol. 2 (No. 3), 1-11.

大槻博 (1991)『店頭マーケティングの実際』日経文庫 437, 日本経済新聞社.

小倉昌男 (1999)『小倉昌男　経営学』日経 BP 社.

小田博志 (2010)『エスノグラフィ入門：〈現場〉を質的研究する』春秋社.

小野讓司 (2010)「JCSI による顧客満足モデルの構築」『マーケティング・ジャーナル』Vol. 117, 20-34.

恩蔵直人・(株) DNP メディアクリエイト買い場研究所編著 (2010)『感性で拓くマーケティング』丸善プラネット.

岸志津江 (1997)「広告研究と消費者行動研究の視点：購買意思決定過程における広告効

果の捉え方」『消費者行動研究』第5巻第1号，1-19頁．
神山進（1997）『消費者の心理と行動：リスク知覚とマーケティング対応』中央経済社．
小嶋外弘（1986）『価格の心理：消費者は何を購入決定の"モノサシ"にするのか』ダイヤモンド社．
小林哲（1989）「動線分析による店舗内購買行動の把握」田島義博・青木幸弘編著『店頭研究と消費者行動分析：店舗内購買行動分析とその周辺』誠文堂新光社．
戈木クレイグヒル滋子（2006）『グラウンデッドセオリーアプローチ：理論を生みだすまで』新曜社．
西條剛央（2007）『ライブ講義・質的研究とは何か　SCQRMベーシック編：研究の着想からデータ収集，分析，モデル構築まで』新曜社．
西道実（2000）「消費者の非計画購買過程」竹村和久編『消費行動の社会心理学：消費する人間のこころと行動』北大路書房，40-50．
酒井麻衣子（2010）「顧客維持戦略におけるスイッチング・バリアの役割：JCSI（日本版顧客満足度指数）を用いた業界横断的検討」『マーケティング・ジャーナル』Vol. 117, 35-55．
讃井純一郎（1995）「ユーザニーズの可視化技術」『企業診断』1995年1月号，31-38．
重野純編（1994）『キーワードコレクション：心理学』新曜社．
嶋口充輝（1984）『戦略的マーケティングの論理：需要調整・社会対応・競争対応の科学』誠文堂新光社．
清水聰（1999）『新しい消費者行動』千倉書房．
杉本徹雄（1997a）「消費者行動への心理学的接近」杉本徹雄編著『消費者理解のための心理学』第2章，福村出版．
杉本徹雄編著（1997b）『消費者理解のための心理学』福村出版．
武井寿（1997）『解釈的マーケティング研究：マーケティングにおける「意味」の基礎理論的研究』白桃書房．
竹村和久（1996a）「意思決定とその支援」市川伸一編『認知心理学4巻　思考』東京大学出版会，81-105．
竹村和久（1996b）『意思決定の心理：その過程の探究』福村出版．
竹村和久（1997）「消費者の情報探索と選択肢評価」杉本徹雄編『消費者理解のための心理学』福村出版．
竹村和久（2009a）『行動意思決定論：経済行動の心理学』日本評論社．
竹村和久（2009b）「意思決定と神経経済学」『臨床精神医学』38, 35-42．
竹村和久（2009c）「ニューロマーケティングの可能性」『流通情報』41(4), 37-45．
竹村和久編著（2000）『消費行動の社会心理学』北大路書房．
竹村和久・井出野尚・大久保重孝・小高文總・高橋英彦（2009）「消費者の選好に関する神経経済学的研究：認知反応と脳画像解析」日本消費者行動研究学会第39回消費者行動研究コンファレンス要旨集，33-36．
竹村和久・井出野尚・大久保重孝・松井博史（2008）「神経経済学と前頭葉」『分子精神医学』8(2), 119-124．

多田洋介（2003）『行動経済学入門』日本経済新聞社.
田村坦之・中村豊・藤田眞一（1997）『効用分析の数理と応用』コロナ社.
都築誉史・浅川伸一（2003）「認知科学とコネクショニストモデル」『認知科学』10, 2-8.
俊野雅司（2004）『証券市場と行動ファイナンス』東洋経済新報社.
友野典男（2006）『行動経済学：経済は「感情」で動いている』光文社新書.
中島定彦・田尻浩之・大平美佳（2009）「棚に陳列された商品の購入時に見られる右側選択バイアスに関する実験的研究」『行動科学』48, 1-9.
中西正雄編著（1984）『消費者行動分析のニュー・フロンティア：多属性分析を中心に』誠文堂新光社.
永野光朗（1997）「消費者行動における状況要因」杉本徹雄編『消費者理解のための心理学』福村出版, 192-205.
新倉貴士（2005）『消費者の認知世界：ブランドマーケティング・パースペクティブ』千倉書房.
新倉貴士（2009）「感染・転移・源泉、そしてリアリティの消費者認知」『流通情報』41(4), 12-19.
西村隆男（1999）『日本の消費者教育：その生成と発展』有斐閣.
久富哲兵・磯部綾美・大庭剛司・松井豊・宇井美代子・高橋尚也・竹村和久（2005）「安心と不安の社会心理（IV）：意思決定スタイルと信頼との関連性」日本社会心理学会第46回大会発表論文集, 230-231.
藤井聡・竹村和久（2001）「リスク態度と注意：状況依存焦点モデルによるフレーミング効果の計量分析」『行動計量学』54, 9-17.
堀啓造（1997）「消費者の関与」杉本徹雄編著『消費者理解のための心理学』福村出版, 164-177.
丸岡吉人（1998）「ラダリング法の現在：調査方法、分析手法、結果の活用と今後の課題」『マーケティング・サイエンス』7(1, 2), 40-61.
水野誠（2009）「消費者行動の複雑性を解明する：エージェントベース・モデルの可能性」『流通情報』41(4), 29-36.
南知惠子・小川孔輔（2010）「日本版顧客満足度指数（JCSI）のモデル開発とその理論的な基礎」『マーケティング・ジャーナル』Vol. 117, 4-19.
箕浦康子編著（1999）『フィールドワークの技法と実際：マイクロ・エスノグラフィー入門』ミネルヴァ書房.
無藤隆・やまだようこ・南博文・麻生武・サトウタツヤ編著（2004）『質的心理学：創造的に活用するコツ』新曜社.
茂木健一郎・田中洋・電通ニューロマーケティング研究会（2006）『欲望解剖』幻冬舎.
守口剛（2009）「特集にあたって：消費者行動研究のフロンティア」『流通情報』41(4), 4-5.
八木昭宏（1997）『現代心理学シリーズ6：知覚と認知』培風館.

索　引

ア　行

RFID	47-8
曖昧性下の意思決定	119
アクションリサーチ	156
EKB モデル	32
EBA 型	146
閾値	139
意思決定	115
意思決定プロセスデータ	41, 44
一面呈示	102
逸脱行為	176
一般化期待効用理論	125
意味記憶	79
インターネット調査法	41
ウェーバー法則	60, 141
エージェントベース・モデリング	198
エグゼンプラー	86
エスノグラフィ	43, 156, 172
エピソード記憶	78

カ　行

解釈	56
解釈レベル理論	197
外的参照価格	66
概念	80
外部情報探索	142
価格	116
──の知覚	65
確実性下の意思決定	117
確率加重関数	129-30, 195
確率的サンプリング	174
加算型	144
加算差型	145
家族的類似性	86
価値観	169
価値関数	128, 195
活性化の拡散	79
カテゴリー化	56, 83
カテゴリー構造	56
感覚記憶	76
観察	44
観察法	28, 41, 43
感情依拠型	147
感情的解釈	59
感性工学	70, 182
関与	103
記憶の二重貯蔵モデル	75
記述	156
期待効用	123
期待効用理論	37, 48, 123, 125, 133, 194-5
期待値	121-2
機能的核磁気共鳴画像（fMRI）	47, 189
──法	191
恐怖喚起アピール	102
近視眼的マーケティング	20
グラウンデッドセオリーアプローチ（GTA）	156, 175, 177
グループダイナミックス	163
計画行動理論	110
KJ 法	156
決定ヒューリスティックス	143
決定フィールド理論	196
決定フレーム	140
決定方略	143-4, 148, 150
限界効用の逓減	124
研究設問	173
言語プロトコール法	44-5
顕在記憶	78
顕在的態度	97
検索	77
限定された合理性	136
限定的問題解決	138
後悔－追求尺度	136
構成概念	174, 176
高速倹約ヒューリスティックス	144, 195-6
行動経済学	28, 36-7, 116, 182
行動主義	158
──心理学	176
行動見本法	160

行動履歴	46	社会的マーケティング・コンセプト	21-3
──データ	30, 41, 44	弱順序	135
購買意思決定	137	集合調査法	41
購買後評価	137	集団面接法	44
購買履歴データ	30, 46	集団力学	163-4
広範的問題解決	138	自由連想法	160
効用関数	135	主観確率	125
合理的経済人	36, 137	主観的期待効用理論	125
合理的行為理論	110	手段目的連鎖モデル	169
考慮集合	33-4, 91	詳細型解釈	58
コーズ・リレーテッド・マーケティング	23	消費経験論	29
		消費者購買習慣研究	150
顧客 ID 付き POS データ	30, 46	消費者選好理論	7
顧客満足	21-2	消費者保護	116
古典の経済学	162	情報過負荷	148
古典的条件づけ	98	情報処理	51
コンセンサスマップ	165	──論的パラダイム	181
		情報探索	137
サ 行		情報モニタリング法	44-5
再構造化	82	ショケ積分	195
再生	91	処分効果	130
最大化原理	135-6	神経科学	7, 23, 37
再認	91	──・生理学的方法	41, 47
作業記憶	76	神経経済学	7, 23, 47, 131, 182, 188, 193
ザッツ・ノット・オール・テクニック	113	深層面接法	28, 44, 160
ザルトマンメタファー導出技法（ZMET）	156, 165	信憑性	102
		心理的会計	37, 48
サンクトペテルブルク・パラドックス	122	心理的財布	37, 141
参照点	129	心理物理学	182
サンプリング	157	推移性	134
参与観察	43, 173	スキーマ	80
事実	80	スキャナー・パネル・データ	30, 46
辞書編纂型	146	スクリプト	82
実験経済学	116, 182	制御	156
実験室実験	42	精神物理法則	60, 125
実験法	28, 41-2	精神分析学	159, 182, 199
質問紙実験	42-3	精神力動論	163, 176
質問紙調査	28	精緻化見込みモデル	40, 104
──法	41-2	製品	116
自伝的記憶	79	セグメンテーション	13-5
社会心理学	182	セグメント	103
社会的インパクト理論	110	接触	52
社会的判断理論	103	説得的コミュニケーション	101
社会的比較	99	説明	156

索引 213

選好順序	133
潜在記憶	78
潜在的態度	97
潜在的連想テスト（IAT）	183-4
潜在認知	182
線条体	190
選択肢評価	137
選択集合	33
選択的注意	77
選択盲	151
前頭前野背外側部	190
前部帯状回	190
専門知識力	88
想起集合	92
損失	129

タ 行

ターゲティング	13-4, 16
体制化	80
態度	95
態度アクセシビリティ	108
態度形成	98
態度と行動の一貫性	108
態度による行動誘発モデル	111
態度の強度	108
態度変容	101
大脳基底核	190
多属性意思決定	117, 133-4
多属性態度モデル	100
談話分析	156
知覚	51
知覚的過重負担	60
知覚的防御	59
知覚表象システム	79
知覚符号化	34
知覚マップ	18, 41, 62
知覚リスク	63
チャンキング	74
注意	53
長期記憶	76
丁度可知差異	60
貯蔵	77
追求者	136
定義的特性	84

手続的記憶	79
電子POP広告	151
店頭調査法	41
ドア・イン・ザ・フェイス・テクニック	
	113
投影法	156, 160, 175
道具的条件づけ	98
同調	82

ナ 行

内的参照価格	65
内部情報探索	142
内容分析	156
ニコシア・モデル	32
二重過程モデル	39-40
二重過程理論	39-40, 105
二重態度モデル	97
日本版顧客満足度指数	42
ニューロマーケティング	
	47, 182, 187-9, 193, 197, 199
人間性心理学	163, 176
認知心理学	182
認知的解釈	56
認知的学習	82
認知的不協和理論	151
認知要素	77
脳機能画像測定装置	188
ノード	80

ハ 行

ハワード＝シェス・モデル	32
反射効果	130
BMEモデル	32
非計画購買	150
非参与観察	43
非線形効用理論	125-6, 195
非分解型処理	90
非補償型	147
ヒューリスティックス	31, 36, 101, 143
評価段階	126, 128
フィールド実験	42
フェヒナー法則	60
フォーカス・グループ・インタビュー	
	156, 163

不確実性下の意思決定	119
複数記憶システム論	78
符号化	77
フット・イン・ザ・ドア・テクニック	112
プライオリティ・ヒューリスティック	195
プライミング	182
——効果	183
フレーミング効果	139-40, 192
プロービング	163
プロスペクト理論	36-7, 39, 125-6, 133, 195
プロトコール分析	156
プロトタイプ	86
プロモーション	10-2, 116
文化	163, 172
分解型処理	90
文章完成法	160
分離型	146
ベットマン・モデル	34
編集段階	126-7
包括的概念モデル	32
ホーリスティック処理	90
ポジショニング	13, 16-8
補償型	147
POP広告	151

マ行

マーケティング・コンセプト	18-20
マーケティングの4P	11-2
マーケティング・ミックス	12-3
満足化原理	135
満足者	136
無知下の意思決定	120
面接法	41, 44
メンタルモデル	165
目標状態	139
モチベーションリサーチ	156, 159
問題認識	137

ヤ行

郵送調査法	41
予測	156

ラ行

ライフスタイル	169
ラダリング	169
——法	156, 167, 169
ランク依存効用理論	194
リサーチ・クエスチョン	173
リスク回避	124, 129
リスク下の意思決定	118, 121
リスク志向	124, 129, 192
利得	129-30
リハーサル	77
略画テスト	160
流通	10-2, 116
両面呈示	102
理論的サンプリング	174
累加	82
ルーチン的選択	138
レパートリー・グリッド法	167
連結型	36, 145
ロー・ボール・テクニック	113

【編著者紹介】

守口　剛（もりぐち・たけし）

早稲田大学大学院経営管理研究科教授。博士（工学）東京工業大学
専攻：マーケティング・サイエンス、消費者行動論
主著：
『プロモーション効果分析』朝倉書店（2002年）
『ブランド評価手法―マーケティング視点によるアプローチ』朝倉書店（共編著、2014年）
『セールス・プロモーションの実際〔第2版〕』日本経済新聞出版社（共著、2011年）
『マーケティング・サイエンス入門―市場対応の科学的マネジメント〔新版〕』有斐閣（共著、2011年）

竹村和久（たけむら・かずひさ）

早稲田大学文学学術院教授。博士（学術）東京工業大学
専攻：経済心理学、社会心理学、行動意思決定論
主著：
『経済心理学―行動経済学の心理的基礎』培風館（2015年）
『意思決定の処方』朝倉書店（共著、2015年）
Behavioral decision theory: Psychological and mathematical descriptions of human choice behavior. Springer, 2014.
『行動意思決定論―経済行動の心理学』日本評論社（2009年）

消費者行動論
―購買心理からニューロマーケティングまで―

2012年 4月16日第1版1刷発行
2018年10月30日第1版3刷発行

編著者 ─ 守口　剛・竹村和久
発行者 ─ 森 口 恵美子
印刷所 ─ 三 光 デジプロ
製本所 ─ グ リ ー ン
発行所 ─ 八千代出版株式会社

〒101-0061　東京都千代田区神田三崎町2-2-13
TEL　03-3262-0420
FAX　03-3237-0723

＊定価はカバーに表示してあります。
＊落丁・乱丁本はお取替えいたします。

ISBN 978-4-8429-1571-5　　Ⓒ 2012 Printed in Japan